OS CINCO TEMPERAMENTOS

Supervisão editorial
Marcos Simas

Assistente editorial
Maria Fernanda Vigon

Tradução
Vera Encarnação Jordan de Aguiar

Preparação de textos
Cleber Nadalutti

Revisão
João Rodrigues Ferreira
Nataniel Gomes
Ana Paula Perestrelo

Capa
Rick Szuecs

Diagramação
Clara Simas

OS CINCO TEMPERAMENTOS

Aprenda nos nomes de Deus como compreender melhor sua personalidade

Danilo Polanco, Ph.D.

2ª edição
Santo André, SP
2020

OS CINCO TEMPERAMENTOS

© Copyright Geográfica
© Copyright 2012 by Danilo Polanco, Ph.D.

Todos os direitos desta obra em Português pertencem a Geográfica Editora © 2023 - www.geografica.com.br
Quaisquer comentários ou dúvidas sobre este produto escreva para: produtos@geografica.com.br

SIGA-NOS NAS REDES SOCIAIS

 geograficaed   *geoeditora*

 geograficaeditora   *geograficaeditora*

P762c Polanco, Danilo
Os cinco temperamentos: aprenda nos nomes de Deus como compreender melhor sua personalidade / Danilo Polanco. – São Paulo: Geográfica, 2017.

192p. ; 16x23cm.
ISBN 978-85-8064-208-7

1. Psicologia. 2. Personalidade. 3. Psicologia do caráter. 4. Temperamentos. 5. Deus. I. Título.

CDU 159.923.4:231

SUMÁRIO

Prólogo	7
Agradecimentos	9
Introdução	11
Contexto histórico da teoria dos temperamentos	17
1. O elo que une o divino e o humano	21
2. Temperamento	45
3. Os nomes de Deus e os temperamentos	69
4. As áreas temperamentais e seus valores numéricos	75
5. Temperamento melancólico/analítico, com seus atributos, virtudes, qualidades e tendências	87
6. Temperamento colérico/dominante, com seus atributos, virtudes, qualidades e tendências	103
7. Temperamento sanguíneo/extrovertido, com seus atributos, virtudes, qualidades e tendências	121
8. Temperamento fleumático/paciente, com seus atributos, virtudes, qualidades e tendências	135
9. Temperamento supino/submisso, com seus dons, virtudes, qualidades e tendências	149
10. Jesus e os temperamentos	161
Conclusão	177
Bibliografia	181

PRÓLOGO

Em 1999, tive a honra de assumir a presidência da Florida Christian University (FCU) na cidade de Orlando, Flórida, nos Estados Unidos. Durante este processo de transição, tive muitas "surpresas" positivas na instituição, dentre elas a paixão de alguns professores pela área do desenvolvimento humano, sempre sob uma visão cristã.

Tendo estudado durante anos os perfis de personalidade, o comportamento e o desenvolvimento humano, foi um privilégio conhecer o Dr. Danilo Polanco e ver sua paixão pelo estudo dos temperamentos analisados sob uma perspectiva diferente da que eu conhecia. Seu trabalho, fruto de pesquisas e de sua tese de doutorado, somada às pesquisas de especialistas nessa área de atuação, impactou o aconselhamento cristão nos Estados Unidos. Mormente, reconhecemos que existe uma revelação divina dentro de seus estudos.

Como parte de uma sequência de mudanças acadêmicas, implementamos, em nossa universidade, o curso de Temperamentos I e II, requerido para todos os níveis e programas. Pela primeira vez em nossos centros de ensino no exterior – onde mantemos acordos de colaboração com universidades seculares –, este curso começou a mudar a visão de muitos acerca do comportamento humano. Por intermédio dessas experiências, víamos a maneira pela qual profissionais, psicólogos, médicos, administradores e professores abriam a mente e o coração para o estudo dos temperamentos, saindo do limite eclesiástico/espiritual, aparentemente presente nas áreas acadêmicas e empresariais. Passamos a ver como Deus operava maravilhas, transformando a maneira como as pessoas se percebiam e descobriam a si mesmas e começavam a entender seus semelhantes.

Como parte de nossa visão institucional de Alcance Global no ano 2000, convidei o Dr. Danilo Polanco para levar estes estudos ao Brasil, para que fossem ministrados em seminários especiais e em diferentes cenários acadêmicos, dentro de instituições de destaque. Sua reação, que não me causou surpresa, foi de imediata aceitação. Ainda, com essa ação, ele iniciaria uma nova etapa em sua vida, incorporando a língua portuguesa às suas brilhantes palestras, fato que lhe abriu uma porta importante para a difusão de seu material nos mercados brasileiro e mundial.

Como presidente do SOAR Global Institute, empresa que estuda a comunicação e perfis de personalidade, vimos, na prática, a complementação entre a pesquisa acerca dos temperamentos e os resultados oferecidos por nosso rol de personalidade denominado *SOAR Human Development Tools* (Ferramentas de Desenvolvimento Humano SOAR). A união dessas ferramentas com a visão dos temperamentos foi apresentada em mais de 45 países com resultados de alta assertividade (acima de 90%). Fomos motivados a implementar estudos avançados sobre este tema em nossa universidade e ampliar a aplicabilidade dessa técnica, para que cada estudante trabalhe no desenvolvimento de suas capacidades latentes, obtendo assim resultados imediatos de potencialização em sua vida.

Este livro é o resultado de pesquisas profundas realizadas durante mais de vinte anos. Engloba uma somatória real de conhecimentos que, com simplicidade, o levará a descobrir seus pontos fortes. Esta noção de autoconhecimento trará um efeito de transcendência em todas as áreas de sua vida, fazendo com que obtenha uma harmonia melhor dentro de suas relações. A relevância desse tema ultrapassa o campo da psicologia e do aconselhamento, visto que, em nível mundial, já é utilizado em outros campos de vanguarda como o de treinamento (*coaching*), administração de empresas, liderança e análise de recursos humanos.

Espero que desfrute essa boa leitura tanto quanto eu e permita que estes conhecimentos operem uma transformação em seu interior, levando-o a um novo nível na vida pessoal e profissional.

Prof. Anthony B. Portigliatti, Ph.D.
Presidente e Chanceler da Florida Christian University (FCU), EUA

AGRADECIMENTOS

Agradeço profundamente a Deus por essa oportunidade de compartilhar os conhecimentos expostos nesta obra. Estes, sem sombra de dúvida, enriquecerão e transformarão a vida pessoal, familiar e profissional de muitos. Obrigado ao Altíssimo, pois não somente aprouve administrar tais bênçãos por meu intermédio, mas também colocou pessoas maravilhosas ao meu lado, estimulando-me a escrever este livro.

Agradeço ao Dr. Anthony Portigliatti, presidente e chanceler da Florida Christian University (FCU), por confiar em mim, tendo a ousadia de me convidar e dar apoio para que eu ministrasse seminários sobre temperamentos, no Brasil. O primeiro desses seminários ocorreu em dezembro de 2000. Eu não falava português, mas foi uma semana extraordinária. Tive a oportunidade de interagir com vários grupos de pessoas compostos por psicólogos, pastores e diversos tipos de profissionais. Aquele seminário marcou o início de um movimento transformador em termos da formação dos profissionais de saúde mental, ao apresentar uma abordagem holística, que atenda às necessidades psicológicas, emocionais e sociais dos indivíduos.

Meu agradecimento mais profundo e especial à mulher maravilhosa da qual tenho o privilégio de ser esposo, a Dra. Izilda Polanco. É minha esposa, amiga, confidente e colega. Trabalhamos juntos como psicólogos e conselheiros clínico cristãos em nosso Centro de Aconselhamento Cristão Alpha e somos professores de Psicologia Clínica Cristã na FCU. Meu reconhecimento por seu apoio abnegado, sua contribuição valiosa para esta obra, pela aplicação de dons e qualidades que tem demonstrado não somente no campo terapêutico, mas também na ministração de seminários e conferências matrimoniais e familiares em muitos estados norte-americanos, assim como em vários outros países. Agradeço a Deus por tê-la em minha vida e a ela por sua contínua motivação, paciência e tolerância para comigo.

Obrigado ao doutor Homero Luciano e sua gentil esposa, Sra. Fátima Guzmán, por suas contribuições e ajuda na leitura do manuscrito. Agradeço a todos aqueles que revelaram ter sido motivados e transformados com o impacto do conhecimento dos temperamentos, nos níveis pessoal, familiar, profissional e também ministerial. Conhecimentos e experiências que tenho ensinado na Florida Christian University nos últimos treze anos. Finalmente, sou grato aos que, depois de receberem ajuda em nosso centro de aconselhamento ou em algum dos seminários, nos inspiraram com seus testemunhos gratificantes e cartas de agradecimentos. Muito obrigado a todos.

Dr. Danilo Polanco

INTRODUÇÃO

Muito já se escreveu e se falou sobre os temperamentos, já que é tema de estudo desde antes de Cristo. Há vários livros muito bons acerca do assunto, uns mais interessantes que os outros. Este não é um entre tantos. É uma obra que, ao ser estudada, compreendida e aplicada, pode transformar vidas mediante a integração da teologia e da psicologia, a fim de se obter uma abordagem holística dos transtornos emocionais, mentais e sociais do ser humano. Um dos grandes propósitos de Deus revelado nas Sagradas Escrituras, é que o homem descubra quem é em relação ao seu Criador e em relação a si mesmo, a fim de poder encontrar respostas às perguntas que devoram as mentes científicas e obscurecem o mais profundo pensamento humano. O que é o homem? O que faz aqui? Para onde vai? Os ensinamentos e pregações em nossas igrejas, assim como as ciências, se orientam de uma maneira ou outra a esclarecer este propósito. Tal afirmação indica a existência de algo que cada ser humano deve saber acerca de si mesmo e que levamos tempo para aprender. É uma realidade a qual pode se pretender ignorar, porém jamais fugir dela.

O salmista Davi exalta a excelência divina e, ao fazê-lo, se questiona da seguinte maneira: "pergunto: Que é o homem, para que com ele te importes? E o filho do homem, para que com ele te preocupes?" (Sl 8.4). Ao fazermos uso de nossa capacidade pensante e analítica para responder a esta pergunta, nos damos conta de que somos criaturas muito especiais e muito distintas de todas as outras. Dean Hamer e Peter Copeland, na obra intitulada *Living with Our Genes* (Vivendo com nossos genes), afirmaram: "A criatura com maior parentesco genético com o ser humano é o chimpanzé, pois seu DNA somente se diferencia do humano em um ou dois por cento, porém essa pequena porcentagem faz uma diferença enorme entre uma criatura e outra." Nós humanos, com o interesse de conquistar e de exercer autoridade, temos nos dedicado mais a conhecer o que existe fora e o que nos rodeia, do que a nós mesmos. É como se fosse uma corrente inspiradora retorcida, com o objetivo de desviar os humanos de seus verdadeiros propósitos nesse mundo. O homem, ao se descobrir, descobre Deus nele, já que "nele vivemos, nos movemos e existimos" (At 17.28). Porém, se o homem, em seu estado de desespero, busca a Deus fora dele próprio, também pode se encontrar em Deus. Por esta razão, Jesus Cristo, o Verbo de Deus encarnado, se autoproclama como o Filho do homem.

A realidade de que o homem é a imagem e semelhança de Deus é um fato do qual podemos pretender evadir, porém, jamais ignorar, já que a vida do homem não depende dele próprio senão daquele que disse: "Eu sou o caminho, a verdade e a vida" (Jo 14.6), porque o comportamento humano é, muitas vezes — se é que não sempre — motivado por forças externas, "pois é Deus quem efetua em vocês tanto o querer quanto o realizar, de acordo com a boa vontade dele" (Fp 2.13). Isto desperta em nós outra pergunta. Como é que Deus, sendo tão grande, perfeito e santo, opera no homem pecador "tanto o querer como o efetuar"? Nesta obra, tentaremos responder esta e outras perguntas, sob a direção e iluminação do Espírito Santo, de forma a resultar em glória para o Pai e em benefícios para todos.

Por muito tempo eu me perguntei em que consiste a imagem e semelhança divina nos humanos. Ouvi algumas respostas, porém, nenhuma me satisfazia. Em minha sede de conhecimento, o Espírito Santo me guiou a certas experiências com Jesus. Entendi que a imagem e semelhança de Deus em nós se encontram na aliança entre Deus e os homens, ou seja, o temperamento. Muitas pessoas tendem a confundir comportamento com temperamento. Este livro reúne a experiência de mais de vinte anos de trabalho com famílias, observando as características dos temperamentos em crianças, jovens e adultos, assim como a influência do temperamento nas diferentes etapas da vida, nas áreas ocupacional, social e religiosa.

No estudo do comportamento humano devemos ser muito cuidadosos para não comparar aquele que é a imagem e semelhança do sublime e grande Criador, com algo que o degrade. Embora fisiologicamente sejamos parecidos com os animais – já que temos carne, nervos, ossos e órgãos semelhantes a alguns deles –, há algo em nós que nos faz diferentes de todas as outras criaturas. Em nós há um espírito que nos converte em imagem de Deus. Há um modelo em cuja luz podemos analisar nossos comportamentos. Um que, sendo igual aos homens, não mostrou as debilidades e fraquezas humanas, mas que tem a preeminência em tudo. Este modelo é o Filho do homem.

O ser humano é tão complexo que não pode ser comparado com outro fora do Deus-homem – Jesus Cristo. Até nós mesmos não devemos nos comparar uns com os outros pelo fato de que o comportamento de um difere do outro. Podemos observar que em uma família onde há mais de dois filhos concebidos pelos mesmos pais, o crescimento e o desenvolvimento se dão no mesmo ambiente, mas há entre eles uma diferença enorme na forma de pensar, sentir e agir. Temos alguns com uma necessidade insaciável de exercer controle e autoridade sobre os comportamentos e a vida dos demais, enquanto outros não possuem tal habilidade, mas precisam de alguém que os regulem. Alguns são muito ativos e alegres, enquanto outros são passivos. O temperamento e a personalidade nos fazem ser muito diferentes em nossa maneira de pensar, sentir e agir, mesmo quando somos iguais fisiologicamente.

No princípio, o Criador disse a si mesmo: Farei um ser vivente no qual porei minha imagem e semelhança, porém não colocarei todos os meus dons e virtudes em um único ser mortal. Ele adotou cinco posturas diferentes e, em cada uma delas, operou sob um nome distinto. Em cada um desses nomes, embutiu predicados e qualidades diferentes, colocando-os no temperamento e imprimindo assim o selo de seus próprios dons e virtudes nos humanos. Nisto consiste a semelhança divina no humano, no novo nascimento. O Criador impregna em nós o selo de sua identidade divina, revivendo assim sua imagem em nós, a fim de que possamos atuar como seus verdadeiros filhos, trazendo frutos em abundância, para a glória de seu nome e para abençoar muitos outros.

O temperamento foi reconhecido cientificamente como o aspecto básico do mecanismo psicológico e do funcionamento do comportamento humano. Vários resultados de estudos sobre o temperamento demonstram que as diferenças individuais estão presentes no momento de nascer e que são influenciadas por experiências pós-nascimento, porém não determinadas por elas. No temperamento, Deus nos concede o potencial a desenvolver, não para viver unicamente como criaturas naturais, mas para escalar o sobrenatural, "por intermédio destas ele nos deu as suas grandiosas e preciosas promessas, para que por elas vocês se tornassem participantes da natureza divina" (2Pe 1.4). Por esta razão, o Senhor Jesus abençoou os cinco temperamentos no Sermão do Monte e depois lhes conferiu os dons ministeriais.

O conceito de temperamento, elegantemente apresentado pelos doutores Stella Chess e Alexander Thomas, revolucionou a maneira como os profissionais da saúde e ciências sociais veem o ser humano e suas relações pessoais e interpessoais. Ainda, há profissionais da saúde que usam a abordagem da responsabilidade dos pais pelo comportamento dos filhos.

> Assim, a mãe de um bebê determinado e com problemas de cólica que a irritavam, na intenção de ser uma boa mãe, havia lido todos os livros ao seu alcance sobre a criação de filhos emocionalmente saudáveis. Contudo, não conseguia acalmar a frustração do bebê que chorava desesperadamente. O pai também irritava-se, pois desejava dormir por causa do cansaço da labuta do dia. Quando consultava o pediatra sobre esta situação, costumava ouvir o seguinte conselho: "Mãe (nem sequer a chamava por seu nome pessoal, mas por sua função de mãe), o problema é que este é seu primeiro filho, você está muito ansiosa e insegura acerca de como está cuidando do bebê. Está passando essa ansiedade para ele. Porém, se relaxar e agir com calma, seu bebê ficará bem." É claro que se não fosse o primeiro filho, a pediatra encontraria outra maneira de aconselhar a mãe frustrada. (Stella Chess e Alexander Thomas, 1986)

Os profissionais da saúde emocional ou dos comportamentos, quando envolvidos em casos de bebês com temperamentos difíceis, só conseguiam aumentar a frustração, ansiedade e culpabilidade dos pais. Esses conceitos profissionais eram, direta ou indiretamente, influenciados pelos ensinamentos de Freud no que tange ao fato de a pessoa nascer com a mente em branco, sendo assim, os pais teriam influências determinantes no comportamento dos filhos. Os doutores Chess e Thomas, em seu estudo longitudinal, observaram que os bebês apresentavam nove dimensões temperamentais no momento de seu nascimento. São elas: nível de atividade, nível de atividade rítmica, forma de reagir diante de situações novas, habilidade de adaptação às mudanças na rotina, intensidade de expressão, habilidade de responder, humor predominante, distração, habilidade de prestar atenção e persistência. Neste estudo, os pesquisadores mencionados identificaram três constelações de características de temperamentos relevantes, tanto no desenvolvimento normal como no problemático.

As três constelações relacionadas aos temperamentos foram assim chamadas: a da criança "difícil", "fácil" e a "lenta". No estudo se descobriu que o grupo das crianças difíceis representava 10% do total de casos estudados, das fáceis, 40%, e das lentas, 15%. Os doutores Chess e Thomas não conseguiram relacionar os 35% restantes das crianças estudadas, com nenhum dos três grupos mencionados. É claro que os psiquiatras que conduziram o estudo o fizeram do ponto de vista humanista, onde o ser humano é bidimensional, isto é, emoção e físico. Se o tivessem feito do ponto de vista em que o homem é tridimensional – espírito, alma e corpo –, provavelmente teriam identificado cinco constelações de características de temperamentos em vez de as três mencionadas, encaixando assim 100% das crianças estudadas dentro das constelações de temperamentos.

Graças a Deus por estes pesquisadores, porque os resultados daquele trabalho motivaram muitas pessoas a realizar novas pesquisas, mudando a maneira com que os profissionais da saúde analisam os pacientes com algum tipo de transtorno ou desordem. Atualmente, existem várias organizações e universidades realizando pesquisas sobre a influência dos temperamentos, em diferentes áreas da vida humana. Nos Estados Unidos, a organização Kaiser Permanent Health Maintenance, que oferece serviços de saúde e que conta com mais de oito milhões de membros, introduziu um programa de temperamentos para a intervenção e prevenção dos problemas comportamentais das crianças.

CONTEXTO HISTÓRICO DA TEORIA DOS TEMPERAMENTOS

O estudo dos temperamentos é algo que vem cativando a atenção de mentes brilhantes desde os dias da Grécia antiga. Os filósofos daquela época começaram a inquirir sobre o funcionamento da mente (ou *psique*). Hipócrates é considerado historicamente o pai da medicina e também o formulador da relação detalhada dos temperamentos, entre os anos 460 e 370 a.C.. Como médico, identificou quatro fluidos principais no corpo humano. Segundo Hipócrates, o fluido corporal predominante seria o responsável pelo humor do indivíduo.

Levemos em conta que já nessa época existia a teoria de Empédocles (495-435 a.C.), indicando que o universo baseava-se em quatro elementos, a saber: água, ar, fogo e terra. Empédocles os chamou de "as quatro raízes de todas as coisas". Hipócrates assumiu essa ideia e a aplicou às descrições médicas e psicológicas humanas. No afã de entender o funcionamento psíquico humano, formulou a teoria da existência dos quatro fluidos corporais básicos.

Ele criou a teoria de que estes quatro fluidos eram os fatores que determinavam o humor do indivíduo. Os quatro fluidos ou humores eram: O sangue (quente), a bílis negra (úmido), bílis amarela (seco) e fleuma (frio ou espesso). Segundo essa teoria, uma pessoa dominada pelo sangue teria um temperamento Sanguíneo/extrovertido. Uma pessoa dominada pela bílis negra teria um temperamento Melancólico/analítico, enquanto que o indivíduo dominado pela bílis amarela teria um temperamento Colérico/dominante. A pessoa fleumática era tranquila e de fácil trato pela abundância de fleuma no sistema. Esta teoria recebeu o nome de "os quatro humores", devido ao fato de basear-se nos fluidos corporais (LaHaye, 1987).

A teoria de Empédocles, que não era científica, é uma das razões pelas quais foi descartada há mais de cem anos. Embora os fundamentos da teoria dos quatro temperamentos ainda continuem sendo usados, os resultados do estudo longitudinal realizado pelos doutores Chess e Thomas mostram que o indivíduo nasce com o temperamento. Portanto, é de índole genética e resulta em um número imaginário de combinações genéticas enraizando os traços temperamentais, embora sempre haja um grupo de traços dominantes que determinarão o temperamento ou os temperamentos do indivíduo. O grande filósofo Aristóteles (385-322 a.C.), que escreveu abundantemente sobre o universo, a política e o caráter humano, também deu grandes contribuições à teoria de Hipócrates, fazendo certas modificações e emprestando-lhe um enfoque mais científico.

Galeno (131-200 a.C.), que depois de Hipócrates tornou-se o maior contribuinte para a teoria dos quatro temperamentos, foi o médico pessoal de três imperadores romanos. Escreveu mais de 500 livros e realizou uma pesquisa extensa sobre a constituição anatômica e fisiológica do ser humano. Galeno adotou a teoria dos quatro temperamentos de Hipócrates, porém a expandiu, chegando a registrar nove tipos. Destacou os quatro temperamentos básicos e depois descreveu combinações deles. Combinou úmido com seco, quente e úmido, frio e seco e frio com úmido. Em seu livro sobre as faculdades naturais, observou:

> Parece-me então que a veia, assim como as outras partes, funciona conforme a maneira que se mesclam as quatro qualidades. Há, certamente, uma quantidade razoável de pessoas consideravelmente distintas, filósofos e médicos, que atribui a ação ao quente e frio e que a estes subordinam, como passivos, o seco e o úmido.

A teoria dos temperamentos de Galeno foi aceita pelo mundo científico até o século XVII (LaHaye, 1987).

O alemão Wilhelm Wundt (1832-1920) foi outro que rendeu uma contribuição importante à teoria dos temperamentos. Ele é considerado o pai da Psicologia Experimental Moderna. Desenvolveu uma teoria dos temperamentos baseada nos quatro tipos: Sanguíneo/extrovertido, Melancólico/analítico, Fleumático/paciente e Colérico/dominante. Dividiu os temperamentos em várias categorias. Também rebateu a crença de Kant de que um indivíduo poderia ter apenas um tipo de temperamento. Wundt elaborou um gráfico no qual situou os quatro temperamentos em quatro seções de uma esfera, não muito diferente da utilizada atualmente por Eynseck. Separou os temperamentos "emocionais", (Melancólico/analítico e Colérico/dominante), dos "não emocionais", (Fleumático/paciente e Sanguíneo/extrovertido). Ainda, fez distinção entre tipos de personalidades "mutáveis" e "não mutáveis". Wilhelm criou a teoria de que as pessoas diferiam com base em emoções fortes e fracas. Observou: "A diferenciação antiga em quatro temperamentos surgiu de algumas observações perspicazes da diferença individual entre as pessoas."

Segundo Wilhelm, os Coléricos/dominantes e Melancólicos/analíticos "são inclinados a intensos afetos, ao passo que os Fleumático/pacientes e os Sanguíneo/extrovertidos são caracterizados por afetos fracos".

Willam Sheldon foi outro que contribuiu. Ele contemplou a teoria dos temperamentos a partir de uma perspectiva diferente. Sheldon questionava a ligação entre o tipo corporal e o temperamento ou caráter. Postulou três tipos diferentes de corpos, cada um com o próprio temperamento. Os três tipos corporais eram: grosso (andromorfo), muscular (mesomorfo) e fino (ectomorfo); e os três tipos de personalidade, vicerotonia, somatotonia e cerebrotonia. Atualmente estão sendo realizados muitos estudos sobre a influência do temperamento no desenvolvimento fisiológico, psicológico e social da criança.

O Dr. William C. Schutz criou, em 1958, o instrumento teórico psicométrico conhecido como FIRO-B (sigla para Fundamental Interpessoal Relations Orientation-Behavior), parte de sua teoria das relações interpessoais. Este teste foi criado pelo Dr. Schutz para medir a interação entre duas pessoas, em uma pesquisa. Este instrumento de temperamento foca três níveis principais: comportamento, sentimentos e autoestima. Hoje é um dos instrumentos psicométricos mais utilizados, tanto por empregadores como nas inter-relações. O Dr. Schutz observou três áreas principais de necessidades e que cada necessidade temperamental se manifesta em duas divisões. Uma coisa é o que o indivíduo deseja e outra, o que mostra ou expressa.

A maior contribuição científica foi feita pelos doutores Chess e Thomas. Estes dois psiquiatras de crianças são grandes inovadores na teoria dos temperamentos. Eles revolucionaram não somente o entendimento sobre os temperamentos, mas também o modo como os profissionais da saúde e os clientes ou pacientes se relacionam. Eles iniciaram seu estudo longitudinal sobre os temperamentos no ano de 1956 e publicaram seus primeiros resultados nos anos 1970. Encontraram nove características ou traços temperamentais presentes no momento do nascimento e que acompanham o ser humano no decorrer da vida. Estas características podem ser influenciadas e modificadas no contexto e expressão, porém não em sua natureza. Os doutores Stella Chess e Alexander Thomas publicaram vários livros sobre o tema; dentre eles: *Temperament and Behavior Disorder in Children* (Temperamento e desordem comportamental em crianças); *Temperament and Development* (Temperamento e desenvolvimento); *Temperament in Clinical Practice* (Temperamento na prática clínica); *Temperament Theory and Practice* (Temperamento: teoria e prática).

Quando comecei a estudar sobre os temperamentos, no início dos anos 1980, chamou-me muito a atenção o fato de a teoria dos temperamentos ser praticamente a primeira sobre personalidade e que, apesar de sofrer muitas modificações no decorrer do tempo, continua sendo um foco de estudo muito interessante. Ao estudar teologia e me tornar mestre em Educação Religiosa, senti enorme necessidade de integrar os conhecimentos da psicologia e teologia, a fim de obter um conhecimento melhor da natureza e das dimensões dos temperamentos. Com a visão de que *o Espírito é que vivifica*, dirigi-me ao Livro Sagrado em busca de resposta às minhas perguntas. Ao Ser supremo aprouve levar-me a umas experiências espirituais que, ao serem associadas com os resultados de algumas pesquisas científicas, deram lugar ao nascimento de uma série de percepções, conceitos e teorias que tenho aplicado na prática clínica, cujo fruto é esta obra. Como você verá, trata-se de uma modificação da teoria dos temperamentos, sendo estes analisados como a aliança ou elo entre o Divino e o humano. Por este motivo, não se limita ao estudo dos quatro temperamentos tradicionais, mas inclui um quinto temperamento, o Supino/submisso. Este temperamento está em discussão há várias décadas, e desempenha um papel muito importante no tabuleiro de xadrez da vida e na relação Divino-humano e humanos com humanos.

Não pretendo apresentar a resposta absoluta ao problema do comportamento humano. Porém, espero que sirva como uma luz que ilumine as mentes de outras pessoas, para continuar aperfeiçoando este trabalho. Que a aplicação desta teoria na prática clínica sirva de grande ajuda para aqueles que, em seu estado de desespero, recorrem a nossos centros de saúde mental em busca não somente de alívio para seus distúrbios, mas de propostas de tratamentos que trabalhem nas raízes de seus males. Minha intenção é que tais tratamentos lhes ofereçam ferramentas que lhes permitam encontrar consigo mesmos e descobrir seus dons e qualidades. Desta forma, impulsionados pela confiança nas próprias destrezas, possam superar qualquer desordem ou transtornos capacitando-os a romper com o passado, desfrutar o presente e se projetar no futuro. Eu gostaria de motivar algumas mentes brilhantes e interessadas neste tema a realizar trabalhos de pesquisa entre a relação de cada temperamento com as diferentes áreas do cérebro.

1

O ELO QUE UNE O DIVINO E O HUMANO

A qualidade da religião de uma alma ou de uma raça depende do conceito que se tem de Deus e, o espírito e substância da teologia são determinados de acordo com a ideia que existe de Deus, de sua natureza, caráter e relação com os demais seres. Pode-se quase dizer que, quando tiver estabelecido seu conceito sobre Deus, a pessoa terá formulado sua teologia. Todo sistema teológico é fraco se não estiver baseado em um conceito claro e satisfatório de Deus. As mudanças que o pensamento de um homem ou de sua época podem experimentar, serão rápidas no campo da teologia. Portanto, é aqui onde precisamos de todas as nossas boas qualidades para descobrir a verdade. A humildade, a devoção e a diligência devem ser nossas companheiras constantes.
(Guillermo Newton Clarke)

Ao falar de aliança, apontamos para uma conexão entre duas ou mais partes. Neste caso, nos referimos a esse vínculo entre o supremo Criador e os humanos — seres criados inferiores. O ser humano não é unicamente físico, nem pode ser entendido em termos puramente fisiológicos, pois há forças externas que motivam o comportamento funcional do homem. Ao pensar no Criador como o Divino, percebemos a necessidade de definir o que é o Espírito. Muitos definem o Espírito em função do ser humano, esquecendo-se de um dos princípios da criação: O Criador existe antes das criaturas e criou o espírito, alma e corpo para os seres humanos. É por essa razão que estou totalmente em desacordo com aqueles que definem o espírito como uma entidade que reside no ser humano. Sendo assim, o ser humano o possui ou o tem e, se o tem, é algo que pode controlar e reter. A realidade nos mostra que não é assim, pois ninguém pode reter o espírito, o qual vivifica o corpo físico. Aqui se aplica a expressão: "Médico, cura-te a ti mesmo", quando buscamos a definição de espírito tendo como base Deus, o criador e mantenedor de todas as coisas.

Os autores do Livro Sagrado descrevem Deus da seguinte maneira: *Deus é Espírito*, e enfatizam que aqueles que adoram a Deus, *é necessário que o adorem em espirito e em verdade*. Isso significa que **eu não tenho** o espírito; **eu sou** espírito, esta é uma verdade tão importante quanto a de que sou carne também. Há diferenças profundas entre as naturezas, conceitos e observações dos eventos na esfera espiritual. Eles alteram o estado da mente e esta, por sua vez, altera os eventos neurológicos, afetando diretamente os comportamentos na esfera física. Os doutores Andrew Newberg e Eugene D'Aquili, médicos neurocientistas, realizaram uma série de estudos com o intuito de descobrir a veracidade da influência espiritual e o que ocorre na estrutura cerebral durante estas experiências espirituais. Para isso, escolheram pessoas de diferentes fés e crenças religiosas, obtendo resultados semelhantes.

Os cientistas revelaram os resultados de seus estudos no livro *Why God won't go away* (Por que Deus não se afastará?). Newberg (2001) comenta que, durante as pesquisas, ele e Eugene encontraram uma forte evidência de que as experiências místicas dos participantes, descrevem as alterações no estado de espírito como a absorção do *Self* (Eu/ego) por algo maior do que eles.

Isto não é o resultado de erros emocionais, simples desejo de pensamentos, mas está associado a uma série de eventos neurológicos observáveis, que, embora raros, estão dentro da margem das funções normais do cérebro. Em outras palavras, as experiências místicas são biologicamente observáveis e cientificamente reais. De modo que nosso sistema fisiológico é construído e estruturado de uma forma muito especial e complexa, para ser ativado, motivado, influenciado e alterado por uma estrutura espiritual ainda mais complexa. Embora abstrata, se torna observável nas condições biológicas humanas.

Da mesma maneira que a teologia vê uma revelação divina com o passar dos anos, a revelação também se faz clara e evidente no mundo científico. Ela tem sido objeto de oposição entre a população de fé e a comunidade científica, em seu intento de desenvolver um ponto de vista real de como ver e entender o mundo e o que nele há. Hoje, mais do que nunca, se faz necessária a união desses dois agrupamentos, para integrar fé e ciência. George Sim Johnston sugere que o DNA humano contém mais informações organizadas do que a Enciclopédia Britânica. "Se todo o texto da enciclopédia nos fosse transmitida de algum lugar fora do espaço, na forma de códigos de computador, a maioria das pessoas veria nisso uma prova da existência de inteligência extraterrestre, porém, quando vista na natureza, a explicam como a seleção natural de forças naturais" (Lee Strobel, 2004).

Na célula de DNA está armazenada a linguagem da vida. Francis S. Collins, do projeto Genoma Humano, propôs que o DNA é nosso livro de instrução, previamente conhecido apenas por Deus.

> "Movido pelo avanço científico no descobrimento de três bilhões de códigos no genoma humano, o ex-presidente Bill Clinton disse, durante seu período de governo, que os cientistas estão aprendendo a linguagem em que Deus criou a vida" (Strobel, 2004).

Quem colocou essas informações na célula de DNA? Seria o simples resultado de forças naturais operando ao acaso, ou seria o resultado planejado e organizado por uma mente superior? Poderíamos dizer que o DNA é como um *software*, porém muito mais complicado do que jamais pudemos imaginar. Se nosso cérebro e mente funcionassem como um computador, nos perguntaríamos o seguinte: Qual seria o sistema operacional? Quais seriam os programas que rodam nele? Será que poderíamos enxergar o espírito como nosso sistema operacional e a alma, com seus desejos, sentimentos e emoções, poderia ser comparada aos programas de computadores?

A espiritualidade está nos genes, nessa célula chamada DNA. Hamer (2004) revela o descobrimento do gene VMAT2, responsável pela espiritualidade e pela capacidade de autotranscendência. Se for assim, como esse gene chegou ao nosso DNA? Poderia ser por casualidade, produto da seleção natural, ou foi colocado pelo grande arquiteto que desenhou o mecanismo psíquico humano, o grande sábio, Deus? Portanto, é preciso desenvolver princípios de fé que não alterem os legados bíblicos, mas que venham a fortalecer a natureza da aliança entre os humanos e o Divino; onde a fé seja a âncora na qual se apoiem as pesquisas científicas, desenvolvendo técnicas e tecnologias que melhorem significativamente nossa compreensão para um nível de vida superior; onde não se encontre espaço para a concupiscência humana e, dessa maneira, se feche a porta ao Diabo – aquele que, fazendo uso de nossos desejos carnais, vem roubar nossa paz, saúde, bom entendimento, boas relações, etc., inimigo esse cujo objetivo final é matar e destruir o que temos obtido com tanto esforço.

O DIVINO, O SER SUPREMO

É muito difícil para a mente humana finita entender a natureza, atributos e complexidade de um ser infinito, eterno e que existe em si mesmo. Ele é o originador de todas as coisas e estas existem nele. Esse Ser maravilhoso está em nós, conosco e sobre nós. Porém, nós nos adaptamos a identificar e valorizar as coisas materiais. Nossa visão tem se condicionado às limitações dos objetos físicos e não a ir além – em direção à dimensão do espiritual.

Ao contemplar e observar nosso entorno, damos conta da beleza e do comportamento harmonioso de todas as coisas: as aves e os animais do campo, o modo que se comportam e como os mais fracos se protegem dos mais fortes. Observamos o vai e vem das ondas do mar com seus encantos e bravuras, ora calmo e sereno, em que as crianças podem desfrutar da praia e dar asas às suas curiosidades; ora com as águas tão agitadas que até os adultos são forçados a abandoná-las. Os mares recebem as descargas dos rios que, sob a influência de chuvas torrenciais, saem de seus leitos causando grandes estragos por onde passam. A maioria dos rios flui para o mar e este jamais enche.

Observamos os campos vestidos e coloridos por flores preciosas e formosas; elas nascem e se desenvolvem de acordo com as regiões e o ambiente climático. Levantamos nossos olhos para o firmamento e vemos a beleza das estrelas, a lua cheia cintilante, provocadora de encantos e sonhos; vemos o rei dos astros, o sol, o qual se mostra tão esplendoroso e forte que, por tamanho resplendor, ninguém pode se aproximar dele, e que aquece até mesmo a argila mais fria.

Seria possível esse cosmos organizado de modo tão perfeito ser produto da evolução natural? Não seria mais o caso da realização de planos arquitetônicos perfeitamente projetados? Quem é esse arquiteto sábio e inteligente que não apenas desenhou os planos, mas também os executou? Ele é o que é – o que existe – antes de todas as coisas, em quem tudo começou milhões ou bilhões de anos atrás, com os eventos que deram lugar ao que existe hoje. Ele não muda, pois é sempre o mesmo.

O sentido de conexão entre essa mente inteligente, poderosa e criativa a que chamamos de Ser supremo ou Deus com os seres humanos, consiste no temperamento. Ele é um Ser enormemente grande e maravilhoso. Não é possuidor de atributos. Ele é o atributo. Esse ser é de natureza tão complexa e assombrosa que excede a atual capacidade de compreensão humana. É ele de quem os humanos desejam e precisam. Necessitam de um nível de relação superior, no qual o Divino deixa de ser visto como o arquiteto e Criador para passar a um nível de relações familiares em que ele é o pai e nós, seres humanos, somos seus filhos.

Proponho e teorizo que o fortalecimento da fé e os avanços científicos nos levarão a níveis de compreensão mais excelentes, em que os mistérios da vida presente serão amplamente entendidos e o viver cotidiano dos humanos, filhos de Deus, seja um mistério, podendo passar pelo fogo sem ser queimado, caminhar pelas águas sem afundar, exercendo total domínio e controle sobre a força da gravidade e outras. Isso será alcançado quando entendermos que, como filhos de Deus, temos a importante urgência de mostrar nossas boas relações com ele, "pois nele vivemos, nos movemos e existimos" (At 17.28). Este que está presente em espírito, porém ausente no corpo, que é descrito como a luz, não uma luz, mas **a luz**. Muito mais potente que a luz solar, que, embora inferior, é capaz de eliminar a menor sombra de escuridão.

O Divino também é descrito como Espírito, no qual existem todos os demais espíritos. É descrito como amor, não aquele presente entre amigos, cônjuges, pais e filhos, mas um que é poderoso para realizar o que deseja. Ele também é o poder, mas não algo delegado por autoridades superiores e sim aquele ao qual se submetem todas as forças físicas, naturais e espirituais, razão pela qual somente Deus pode se revelar ao homem. Isto ele tem feito, primordialmente, na revelação, por meio das obras da natureza e na constituição do homem e ainda por meio de uma confidência mais elevada e secundária que fez de si mesmo, por meio do Espírito, à consciência do homem. A primeira tem seu ápice no verbo encarnado, ao passo que a segunda tem sua origem no Cristo glorificado por meio do Espírito Santo.

O SER HUMANO

A antropologia é a ciência que trata de tudo que se relaciona ao homem primitivo. Porém, como ciência, não pode especificar o lugar e a origem do ser humano. Por outro lado, descobrimos que, no sentido teológico, se limita ao estudo dos humanos no que tange aos aspectos morais e religiosos. As composições fisiológica e espiritual do homem e da mulher declaram que eles foram projetados por uma mente superior e feitos com propósitos e planos específicos.

O humano, como ser, foi criado para viver uma vida tridimensional: *Espírito* (homem psicológico-intelectual), para manter uma relação de pai e filho com o Ser supremo e ter claro entendimento e domínio nas esferas espirituais; *Alma* (homem social e de relações), para conhecer e dominar seus pensamentos, emoções e sentimentos, a fim de expressá-los na forma de comportamentos socialmente aceitáveis; *Corpo* (fisiológico, homem natural), com necessidades fisiológicas, porém também com muitas debilidades.

Sigmund Freud via esse ser humano natural como um ser basicamente irracional, cujas ações eram determinadas por forças irracionais. Por outro lado, Carl Rogers e Abraham Maslow, em vez de enxergar homens e mulheres como seres basicamente maus, os viam como basicamente bons, o que não é estranho, pois o *designer* e construtor dessa obra-prima chamada ser humano, "viu que ficou bom".

Os avanços e descobrimentos científicos que demonstram a complexidade estrutural e funcional desse ser humano, classificado como mau por uns e bom por outros, são muito mais do que as simples expressões: é um ser físico com parentesco fisiológico aos animais que possuem carne, ossos, nervos, sangue, órgãos e glândulas que mantêm um funcionamento harmonioso no corpo. O ser humano, neste aspecto, é terreno e, sente e tem afinidade com aquilo que diz respeito ao mundo material. O Autor da vida diz: "O Espírito dá vida" (Jo 6.63), portanto, o ser humano, em sua esfera espiritual, sente e tem uma grande necessidade espiritual que o tem motivado desde os tempos primitivos a buscar e se relacionar com esse ser superior, a quem chamamos Deus. O que motivava o homem primitivo a buscar o Altíssimo? No passado, quando não se falava em genes e cromossomos, era possível responder dizendo que se tratava de algo intuitivo do ser humano. Porém, hoje, com os avanços científicos e, sobretudo com os descobrimentos da neurociência, afirma-se que a espiritualidade está inserida em determinados genes no DNA do homem.

Aqui repousa o fato de o ser humano ter essa necessidade inconsciente, mas que se torna consciente, quando intensifica o desejo de satisfazer a necessidade espiritual de, por si só, ir além e avançar em tal esfera, para obter essa relação com seu criador. Newberg (2001) explica, em sua obra intitulada *God in the Brain* (Deus no cérebro), como nós construímos crenças e de que modo elas se tornam tão fortes em nós. Ele propõe que ao ouvirmos algo novo, criamos uma cadeia de neurônios que o comunica ao cérebro.

Quando ouvimos ou pensamos naquilo que formou esse novo caminho fisiológico, fixamos a cadeia de neurônios, a qual se torna firme e forte com a repetição do ouvir, pensar e praticar. Aqui a ciência ilumina nosso entendimento para compreender o porquê da necessidade de se repetir constantemente o grande mandamento: "Ensine-as com persistência a seus filhos. Converse sobre elas quando estiver sentado em casa, quando estiver andando pelo caminho, quando se deitar e quando se levantar" (Dt 6.7).

O SER HUMANO ANTES DO PECADO

Sendo o ser humano de natureza tricotômica – espírito, alma e corpo –, possui, nessa estrutura, duas outras partes que são de origem abstrata e, portanto, estão acima das leis da natureza e fora do alcance da força da gravidade. O ser humano em seu estado original era um corpo físico, sem consciência da debilidade ou do mal. Tratava-se de um corpo incorruptível, no qual não havia mortalidade, razão por que era capaz de se submeter com facilidade às duas partes abstratas, para andar sobre as águas sem nelas submergir. Podia passar pelo fogo sem se queimar, porque estes elementos – ar, fogo, água e terra –

foram colocados sob o domínio do homem. Os monstros marinhos e as feras da terra se prostravam diante da presença do ser humano.

No estado mencionado acima, era o ser humano quem exercia domínio sobre toda a criação terrestre, que se sentia um pouco inferior aos anjos, porém com glória superior a deles. O sol, em seu máximo esplendor, servia para lhe apontar o caminho por onde devia andar e estender-lhe a visão rumo ao horizonte, para analisar e observar o esplendor do qual, como majestade, era objeto. A beleza da lua cheia e as reluzentes estrelas serviam para sonhar e galgar lugares mais altos, entendendo que para além do sol, lua e estrelas mora o Divino, em quem o ser humano, em seu estado de santidade, vive, se move e opera. Este ser finito, porém sem consciência do mal, onde não havia conhecimento do medo, da culpa e nem da vergonha, vivia em um estado de percepção que lhe permitia ir além dos limites físicos imediatos.

A santidade pulsa na profecia, brama na lei, murmura nas narrativas, sussurra nas promessas, suplica nas orações, irradia na poesia, ecoa nos salmos. Balbucia nos tipos gráficos, resplandece nas imagens, anuncia na linguagem e queima no espírito de todo o sistema, do Alfa ao Ômega, do princípio ao fim. A santidade! A santidade necessária! A santidade requerida! A santidade oferecida! A santidade possível! A santidade presente, um privilégio atual, um gozo presente! É o progresso e complemento de seu maravilhoso tema. É a verdade brilhando por todo canto, mesclando-se por toda a revelação; a verdade gloriosa que irradia, sussurra, canta e grita em toda a história, biografia, poesia, preceito, promessa e oração; a grande verdade central de todo o sistema. É uma lástima que nem todos a vejam, que nem todos a considerem. É uma verdade notável, muito grandiosa e muito repleta de consolo. (Obispo Foster)

Essa era a santidade do humano em seu estado original. Com facilidade se cercava de sua formosura e perfume, vivendo essa verdade grandiosa, no poder de um amor livre de egoísmo e de interesses pessoais. Permitia-se desfrutar as visitas do Divino e do Ser supremo e até mesmo ser absorvido por ele, para nele descer às profundezas dos oceanos e dar nomes aos peixes e monstros marinhos, passear pela terra e nominar os animais do campo e ainda galgar as alturas e designar nomes às aves.

O ser humano, em seu estado original, era um ser maravilhoso e possuidor de poderes, a quem o medo não tinha acesso e de quem fugia a insegurança. O porvir não era motivo de preocupação, pois vivia em um presente contínuo, onde o homem podia entrar na chamada consciência coletiva e ver o que era, o que é e o que há de vir. Era também um estado de inocência em que não havia medo da dor ou da morte, porque estas não existiam.

Neste estado se achava o palácio da tão buscada felicidade: uma vida sem dor, sem temor nem medo, onde os transtornos físicos e mentais ainda não haviam entrado, o engano não existia e o amor era a razão de todas as coisas. Por amor, o humano veio a existir rodeado de muitas belezas, cercado de muitas variedades de flores de cores diversas, que exalavam diferentes aromas tornando a natureza um ambiente perfumado, onde desfrutava seu romance com ela. Hoje podemos apenas imaginar e sonhar com o que seríamos se não existisse a consciência do mal e do pecado.

Porém, conexões e habilidades nervosas para as sensações e percepções foram formadas em nossa estrutura fisiológica com estes conhecimentos do mal, alterando o estado humano a tal ponto que se fez estreito o caminho e reduzida a porta para o palácio da tão procurada felicidade. Como resultado, o ser humano foi deixado submerso no vasto e atribulado oceano da degradação moral, espiritual e social; consequentemente, no tenebroso caminho da miséria humana, com uma série de transtornos físicos, emocionais e sociais.

As comunidades de fé e científicas se veem obrigadas a unir esforços na busca da saída desse oceano degradante, para ampliar o caminho e alargar a porta do bem-estar humano, a fim de poder descobrir e cumprir os propósitos dos seres humanos aqui. Além disso, devemos ajudar cada indivíduo a identificar e desenvolver as forças de seu temperamento e, dessa forma, transcender as limitações.

Imagem de Deus no homem

A origem de Deus não é um tema para discussão. A Bíblia Sagrada começa dizendo: "No princípio Deus criou os céus e a terra" (Gn 1.1), dando o Senhor a entender que a criatura, isto é, o ser humano, em quem pôs sua imagem e semelhança, não questionaria a realidade existencial e origem de seu formador e doador da vida. O Eterno existe em si mesmo e é quem reparte vida a todos os seres existentes. Não há nada que limite sua natureza. Ele é independente da natureza, mas esta existe nele, porquanto o Altíssimo é antes de todas as coisas. A Bíblia introduz o Senhor respondendo à pergunta: Quem é Deus? Afirma que Deus é o Criador dos céus e da terra e de tudo que neles há. Quando se fala do formador e doador da vida, o significado é que fomos criados por alguém que é antes de nós.

A imagem do Altíssimo no ser humano é um ponto tão complexo que já foi objeto de muitos estudos bíblicos e teológicos na história do pensamento cristão. O tema da imagem de Deus no homem tem sido interpretado a partir de diferentes pontos de vista. Alguns enfatizam que somos a imagem do Eterno porque somos um reflexo, no espelho, daquilo que Deus é. Outros asseguram que somos a imagem do Criador no sentido de que em nossa composição possuímos duas partes imateriais, que são espírito e alma e que nestas partes repousa nossa semelhança com Deus. Do mesmo modo, outros pensadores enfatizam que a imagem do Senhor em nós se refere às capacidades que possuímos de realizar trabalhos semelhantes aos dele, porém em um nível inferior, de modo que exercemos domínio sobre porções do Universo, justamente como o Altíssimo faz sobre todo o Universo.

Embora todas essas teorias tenham muito de verdade, nos inclinamos a pensar que a imagem divina em nós somente pode estar no Espírito, pois João assegura que "Deus é espírito" (Jo 4.24) e se ele é espírito, sua imagem não pode ser outra coisa senão o próprio espírito. O Senhor soprou o espírito no homem que havia feito do pó para transformá-lo em um ser vivente; consequentemente, o espírito é o que dá vida. Jó também entendia dessa forma e disse: "O Espírito de Deus me fez; o sopro do Todo-poderoso me dá vida" (Jó 33.4).

Quando Jesus diz: "Eu sou a vida" (Jo 14.6), está indicando que tudo que tem vida, a tem nele, porque a Palavra de Deus diz que ele é *a verdade* e é *a vida*. Portanto, com toda certeza, pode-se dizer que *o Espírito é quem dá vida*. A natureza espiritual depositada nos humanos é a que permite nos relacionarmos com esse Ser maravilhoso e superior.

Segundo o versículo 17 do capítulo 11 de Números, da mesma maneira que o Divino tomou o espírito que havia em Moisés para colocá-lo nos setenta anciãos de Israel, com o objetivo de que levassem com ele a carga do povo, assim Deus tomou seu Espírito e o colocou no homem, não somente para que este fosse um ser vivente, mas um ser que levasse a imagem de seu criador.

Carl Jung (Wallace, 1985), em sua teoria terapêutica do comportamento, descreve o inconsciente coletivo como algo que opera fora da nossa compreensão consciente. É que o mundo espiritual não se reduz a formulações do raciocínio humano. De acordo com Jung, é nesse inconsciente coletivo que se move e opera o Ser Todo-poderoso, a quem chamamos e conhecemos como Deus. O ser humano, como filho do Altíssimo, não somente é aceito por seu criador, mas é dotado de qualidades para atuar como verdadeiro representante da família divina, tendo também a oportunidade de participar dessa natureza poderosa, milagrosa e superior, não somente no futuro, mas também enquanto milita nesse corpo natural. Neste sentido, as Escrituras afirmam: "Por isso mesmo, empenhem-se para acrescentar à sua fé a virtude; à virtude o conhecimento; ao conhecimento o domínio próprio; ao domínio próprio a perseverança; à perseverança a piedade; à piedade a fraternidade; e à fraternidade o amor." (2Pe 1.5-7).

Pelo fato de ser a imagem e semelhança de seu criador, o ser humano também foi autorizado a operar em nome do Todo-poderoso. Como seres humanos, fomos dotados de dons, habilidades e destrezas que superam a compreensão materialista condicionada à qual temos nos adaptado. Antes de a ciência conhecer a função celular, a formação e o desenvolvimento pré-natal, o salmista fez essa declaração tão profunda e que por muitos anos foi difícil de compreender: "Os teus olhos viram o meu corpo ainda informe; e no teu livro todas estas coisas foram escritas; as quais em continuação foram formadas, quando nem ainda uma delas havia" (Sl 139.16). Como o salmista poderia ter consciência do estado embrionário?

O Dr. John C. Willke e sua esposa, Barbara Willke, no livro intitulado *Why can't we love them both?* (Por que não podemos amar os dois?), descrevem o processo da fertilização (Willke, 1985). Segundo eles, o pró-núcleo do espermatozoide com seus 23 cromossomos viajam por um período de doze horas para se juntar ao pró-núcleo do óvulo com seus respectivos 23 cromossomos. A fusão destes dois pró-núcleos leva umas duas horas. Nas dezoito horas seguintes, este núcleo com 46 cromossomos se divide formando duas células e em seguida se divide em três células. Acredita-se que, durante este período, se defina se será uma única vida ou se serão gêmeos ou mais. Assim é dado acesso ao programa no DNA, para o desenvolvimento dessa criatura em formação. Nessas alturas é uma vida humana única, não há outra igual, não existiu antes e nem existirá depois.

Estudos da neurociência demonstram que o DNA humano já está condicionado a responder às experiências religiosas e espirituais entre as criaturas humanas e seu Criador. Estas criaturas finitas, limitadas e cheias de fraquezas e debilidades também possuem atributos. Estes predicados podem levar os indivíduos a ir além do material e a galgar os níveis mais altos em unidade com esse ser absoluto, infinito e ilimitado, para falar coisas que ultrapassam a compreensão do homem, realizando também obras que excedem as destrezas humanas. O ser humano é a única criatura dotada de dons e qualidades que, por essa união com seu Criador e por ser bendito, tem a permissão para ascender aos lugares mais altos e sublimes. "Bendito seja o Deus e Pai de nosso Senhor Jesus Cristo, o qual nos abençoou com todas as bênçãos espirituais nos lugares celestiais em Cristo" (Ef 1.3). Este mesmo ser também é possuidor de qualidades que o conduzem às partes mais baixas e miseráveis da vida humana. Este ser, que até nos céus é exaltado por sua habilidade de permanecer do lado da consciência iluminada, pelo poder da verdade e pelos atributos de seu temperamento, também é humilhado até as partes mais profundas da miséria humana, ou seja, ao próprio abismo.

Na imagem do Ser supremo, nos humanos, está centrada a identidade individual de cada pessoa, qualidade que foi perdida na queda adâmica. O relato bíblico nos diz que, no momento em que o pecado entrou em Adão, ele perdeu sua identidade e foi inserido em uma fase de confusão em relação a si mesmo, motivo pelo qual sua resposta imediata foi de insegurança, medo e depressão. Antes da queda, o ser humano vivia em um estado de consciência semelhante ao do Mestre, o qual disse o seguinte: "Já não falarei muito convosco, porque se aproxima o príncipe deste mundo, e nada tem em mim" (Jo 14.30).

Desde aquele momento da queda, o ser humano vive em estado de crise de identidade individual e, a partir da infância, começa a se desenvolver uma ansiedade neurótica, pois, no mais íntimo do seu ser – isto é, no espírito –, sabe que foi equipado com capacidades para se assenhorar de seu mundo. Porém, quando começa a interagir com esse universo hostil, já não sabe como fazê-lo. Começa a mostrar a mesma confusão, insegurança e medo de Adão. Emoções negativas que serão manifestadas em níveis diferentes de gravidade, dependendo do temperamento e de outros fatores que influenciam de uma forma ou outra, o comportamento humano.

Na idade entre três e quatro anos, a criança busca formar a própria identidade. Começa a se relacionar com o mundo à sua volta de modo possessivo. Esta é a fase do *meu*: Minha mamãe, meu papai, minha casa, meus brinquedos, meu quarto, minha cama, etc. É tudo *meu, meu e meu*. Durante esta fase, os pais normalmente apoiam e estimulam este conceito de "meu", porém, um ou dois anos mais tarde o destroem, submergindo a criança em um estado de confusão ao lhe dizer frases como: "É seu brinquedo, mas você tem de dividi-lo com seu irmãozinho; é sua cama, mas hoje a daremos ao seu primo que nos visita."

Qualquer tentativa de queixa da criança é reprimida muitas vezes pela força e até com maus-tratos físicos e emocionais. O pequeno, diante de tal impotência, opta por colocar uma máscara que satisfaça às exigências dos pais, ainda que estejam em desacordo com seus desejos e afetos. Desse ponto em diante, o indivíduo deixa de se identificar com o que ele é de fato. Já não valoriza seus sentimentos nem os próprios conhecimentos, mas busca se adaptar às exigências dos outros. Aceita e valoriza a si mesmo com base na aceitação e valorização de terceiros.

Cognitivamente nós valorizamos o que podemos imaginar. Criamos imagens de nosso mundo e do que há nele e atribuímos valores a cada uma dessas imagens. Alguns valores são positivos e outros, negativos. É assim que, ao pensar em um ente querido, trazemos à mente sua imagem, a qual gera sentimentos em nós, conforme o valor representado. Às vezes, são sentimentos positivos que evocam sensações de bem-estar e, por isso, podemos até rir mesmo estando sozinhos. Visto que pensar gera sentimento, os pensamentos podem gerar emoções negativas (raiva, tristeza, frustrações ou outras), somente pelo significado da imagem que nesse momento é trazida à mente e ocupa o centro do pensamento.

Por este motivo, o grande apóstolo Paulo, movendo-se nessa parte motivada pelo Criador e sob a luz do Espírito, vê que, psicologicamente, é possível reformar a identidade e imagem individual, criando esquemas com imagens e pensamentos positivos racionais, que rompam os esquemas e pensamentos irracionais. Para isso, necessitamos entrar e permanecer no seguinte caminho: "Finalmente, irmãos, tudo o que for verdadeiro, tudo o que for nobre, tudo o que for correto, tudo o que for puro, tudo o que for amável, tudo o que for de boa fama, se houver algo de excelente ou digno de louvor, pensem nessas coisas" (Fp 4.8). O Novo Testamento está focado na restauração da identidade perdida em Adão. A missão principal do Salvador é trazer o ser humano de volta ao seu estado de identidade e consciência anterior à queda. Ele veio iluminar os olhos do nosso entendimento, para que possamos compreender a profundidade das relações entre os homens e seu Criador, relações que estão fundamentadas em um vínculo entre Pai e filhos.

Como filhos, devemos ter qualidades genéticas que nos identificam com o Pai, virtudes que não se veem normalmente, mas que moldam nossos comportamentos. Os sistemas das cortes judiciais usam os conhecimentos genéticos atuais para determinar a paternidade biológica e legal em casos de disputa nos tribunais. O Pai Celestial proveu para si mesmo, meios para estabelecer sua paternidade em todos aqueles que experimentam o novo nascimento. Horton (1979) propõe que, no novo nascimento, o Senhor Jesus impregna em nós o selo de sua beleza e no batismo, no Espírito Santo, compartilha conosco sua dinâmica celestial, capacitando-nos a expressar verbalmente coisas que excedem o conhecimento e interpretação humanos, mediante os dons de línguas e a realização de obras que excedem as habilidades e destrezas do homem. Assim se cumpre o que está escrito: "Aqui estou eu com os filhos que o Senhor me deu. Em Israel somos sinais e símbolos da parte do Senhor dos Exércitos, que habita no monte Sião" (Is 8.18).

A semelhança de Deus

A origem do ser humano tem sido motivo de muitas interrogações através dos tempos. O próprio homem, tentando encontrar uma resposta favorável fora dos preceitos divinos, chegou à teoria evolucionista. Neste caso, o homem se vê como o produto casual de forças evolutivas operando em vidas inferiores, sem inteligência nem significado. Nossa identidade fica confusa, até que os olhos de nossos entendimentos sejam iluminados.

Podemos compreender que fomos criados intencionalmente e que constituímos parte da criação do Deus Todo-poderoso. As implicações da doutrina central do cristianismo definem a criação do ser humano. Tal doutrina dá fundamento e significado à vida, porque podemos basear nossa fé na realidade de que nossa existência é o resultado da ação direta do grande sábio, Deus. O homem que entendeu este princípio não deixa de ter questionamentos, mas estes se referem ao que ele verdadeiramente é e o que realmente representa para esse ser maravilhoso, doador de vida. Pois lemos em Gênesis 1.26: "Então disse Deus: 'Façamos o homem à nossa imagem, conforme a nossa semelhança.'"

O tema da semelhança de Deus no homem é tão interessante como o da imagem. Se a imagem do Altíssimo em nós é o próprio Espírito, a semelhança consiste no seguinte: ao lermos o Livro Sagrado sob a iluminação do Espírito, percebemos que o Criador assume traços diferentes sem deixar de ser único e, em cada uma destas posturas, atua com atributos, virtudes, qualidades e características distintas. Nem pense que estamos falando de seres ou deuses, mas sim de um Deus único que, na dinâmica própria, expressa sua multigraça. Apresenta-se com nomes múltiplos em facetas variadas, sem que isso, de maneira alguma, entre na dimensão de múltiplas personalidades. Podemos pensar que antes dos tempos, o Criador diz a si mesmo: "Faremos um ser com nossa semelhança e imagem, mas visto que sou tão grande e sublime, não devo pôr neste ser inferior (o humano) tudo o que sou, portanto, assumirei posturas diferentes em cada um deles. Incluirei meus atributos, virtudes, qualidades e características sob nomes diferentes e os colocarei no homem por meio dos temperamentos. Assim, quando o ser humano descobrir a si mesmo, me encontrará nele e, quando buscar a verdade fora dele, encontrará a si mesmo em mim". Por essa razão está escrito: "Pois nele vivemos, nos movemos e existimos" (At 17.28).

Este é o propósito da Palavra divina escrita e pregada: que conheçamos a nós mesmos e ao nosso Criador. Não quer dizer, em nenhum momento, que o ser criado possa chegar a ser Deus, mas sim que vivemos no Divino.

Ele vive em nós, mas está acima de nós. A natureza do Todo-poderoso, tal como registrado nas Sagradas Escrituras, é ensinada de maneira progressiva ao homem, por meio do uso de nomes divinos. Estes nomes comunicam, em vários graus, um conhecimento da natureza divina e indicam algo dos mistérios inescrutáveis que rodeiam sua existência. Em cada nome divino se encerra uma série de mistérios pregados e de atributos do Altíssimo. Alguns destes mistérios pregados são usados no Novo Testamento, de maneira familiar ao povo cristão. A Bíblia declara que Deus é Espírito, é vida, é luz e que ele é amor. Jesus declara: "Eu sou o caminho, a verdade e a vida" (Jo 14.6). "Pois, da mesma forma como o Pai tem vida em si mesmo, ele concedeu ao Filho ter vida em si mesmo" (Jo 5.26).

O Senhor foi louvado em Israel sob diferentes nomes. Os nomes de Deus são importantes para se compreender quem e como ele é. Os nomes divinos servem para expressar feitos importantes acerca da natureza divina. Para os hebreus, os nomes eram descritivos e expressavam significados, não eram usados simplesmente para distinguir uma pessoa de outra. O nome representava sua essência distintiva, seu temperamento.

Como explicar esse ser Divino? Pensemos que, antes de todas as coisas, quando nada existia, ele era. Quando ainda não existia o tempo, Deus era. Podemos vê-lo como uma energia central, da qual viriam a depender e se derivariam todas as coisas. A energia não se elimina, mas se transforma. Imaginemos o Divino antes do tempo e antes da luz. Lá está ele e somente ele. Figura 1.

Figura 1

Deus diz a si mesmo: "Transformar-me-ei em vida, em espírito de vida, para trazer à existência vida nos ares, nas águas e na terra e culminarei a criação com a obra mestra, o ser humano". Nada dessas coisas existiam ainda, mas, sendo onipresente, podia ver através do tempo, embora o tempo não existisse. No desenho arquitetônico da criação, ele podia ver o que não era, mas que depois viria a ser, porque Deus "chama à existência coisas que não existem, como se existissem" (Rm 4.17). O Ser supremo, que é Espírito, forma a estrutura espiritual para o espírito de vida, para que, tempos depois, se pudesse entender que Deus é vida. Figura 2.

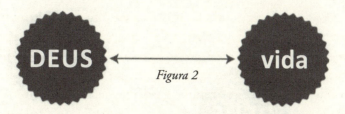

Figura 2

Já projetado como vida, forma a base para a expressão do poder, espírito de poder, poder para realizar todas as coisas: criar e desenvolver seus planos criativos, e dar leis às coisas criadas, para seu bom comportamento e funcionamento. Deus, sendo Espírito de vida, vivifica toda carne de aves, peixes, animais e também vivifica a própria vegetação, pois fez tudo para sua glória e também poder, que se manifesta de diferentes formas, através das eras, porém continua sendo o mesmo antes, agora e no futuro. Figura 3.

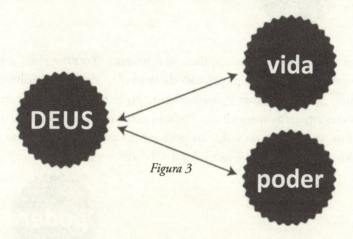

Figura 3

Tendo o Supremo se manifestado como vida e poder – sem deixar de ser o único Deus, Criador e Senhor, estabelece o fundamento para a manifestação do amor. Deus é amor e, por amor, criou todas as coisas, as que estão nos céus, na terra e na água, sendo o homem o objeto de sua máxima expressão de amor. Deus não possui vida, poder e amor, pois o que se possui, se possui em quantidade limitada. Deus é vida, poder e amor. Figura 4

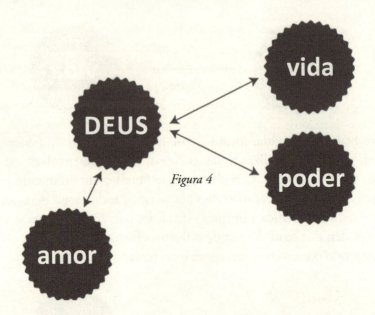

Figura 4

Com as estruturas espirituais, para se apresentar como a vida, o poder e o amor, ele cria a base para a expressão da verdade. Verdade absoluta, limpa e pura, a qual, ao ser recebida pelos homens, pode resplandecer na mais densa escuridão da consciência humana. Pode libertar o homem cativo, dando-lhe o verdadeiro significado da vida, do poder e do amor. Deus não somente é a vida, o poder e o amor. Ele é também a verdade. Figura 5.

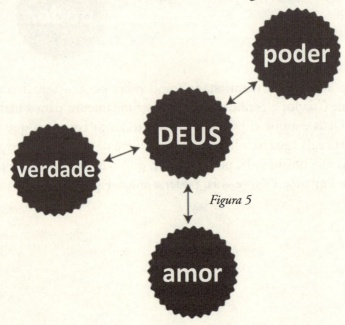

Figura 5

É importante notar que não estamos falando de um Deus que vai evoluindo ou se transformando com o tempo, para se ajustar às circunstâncias do momento, mas sim de alguém único, perfeito desde a eternidade e até a eternidade. O que faço aqui é apresentar certas ilustrações que nos permitam ter uma melhor compreensão da relação entre os nomes de Deus e os temperamentos, para que esse homem limitado e finito, amplie seu relacionamento com esse Ser infinito e ilimitado, Deus. Aquele que se descreveu para Moisés simplesmente como: *Eu sou*. Logo, ele cria a base para a expressão da inteligência e sabedoria. Figura 6.

Figura 6

Depois, o Divino cria a base para a expressão e projeção da justiça, a verdadeira, aquela que está além da compreensão humana. Figura 7.

Figura 7

Tendo o Divino estabelecido as bases para se expressar como o Espírito de vida, poder, amor, verdade, inteligência e sabedoria e como Espírito de justiça, cria então a base para a expressão como o Espírito de paz. Assim, o Altíssimo é a vida, o poder, o amor, a verdade, a inteligência e sabedoria, a justiça e a paz. Figura 8.

Figura 8

   Entre os diferentes nomes de Deus na Antiguidade, há cinco nomes principais nos quais Deus atua de maneiras distintas, com peculiaridades que tornam cada um deles muito especiais. Em cada nome, o Altíssimo manifesta atributos específicos que coloca no ser humano, os quais denominamos de pontos fortes do temperamento, fazendo de cada indivíduo um ser especial. De modo que, quando o Ser supremo deseja intervir na vida de um homem ou mulher, simplesmente atua por intermédio desses dons e características. Pelo que também diz as Escrituras, "pois é Deus quem efetua em vocês tanto o querer quanto o realizar, de acordo com a boa vontade dele" (Fp 2.13).

VOCÊ QUER TRANSCENDER?

Hamer (2004) propõe que a autotranscendência é um termo utilizado para descrever sentimentos espirituais independentes de tradições religiosas. Segundo Hamer, isso não se baseia na crença de um Deus em particular, frequência de orações ou em outras doutrinas e práticas da fé. Estes sentimentos espirituais estão em todos os seres humanos. Com base nisso, podemos dizer que, no princípio, o homem tinha uma consciência. Ou seja, antes da queda o ser humano refletia essa imagem e semelhança divina em sua relação consigo mesmo e com o Criador.

Era a fase em que a autotranscendência ocorria com facilidade, pois não havia conhecimento do mal, logo, não havia medo, culpa, vergonha, insegurança, ansiedade ou depressão. O estado humano foi distorcido quando entrou o mal. A consciência da maldade foi formada no mesmo instante em que o homem pecou, motivo pelo qual se encheu de medo e vergonha. Desse modo, a consciência humana ficou dividida, tendo o homem consciência do que é bom e do que é mau.

Pelo lado da consciência do bem, podemos transcender ao identificar e desenvolver os pontos fortes do nosso temperamento, quando este se mantém conectado com a fonte inspiradora e motivadora para desenvolver os dons, virtudes e características, dentro dos propósitos para os quais fomos criados. Por outro lado, quando se entra na área da consciência negativa, há um rebaixamento ao se desconectar do manancial inspirador e motivador que desenvolve os pontos fortes, para ligar-se a outras fontes que inspiram e motivam o destrutível e o desagradável, mesmo quando momentaneamente pareça algo bom. Sem sombra de dúvidas, o final será um roubo – da alegria, paz, harmonia, saúde e das boas relações –, destruindo-se, desse modo, os sonhos e encantos de muitos, e, finalmente, conduzindo-os à morte. A maioria das pessoas que se droga sabe que os entorpecentes são destrutivos, porém deles faz uso porque passa a operar pelo lado da consciência onde há escuridão e confusão.

Quer ir além? Cabe a você identificar e desenvolver os pontos fortes do seu temperamento. Este livro o ajudará nessa tarefa.

ESTADO DA CONSCIÊNCIA HUMANA, ANTES E DEPOIS DO PECADO

Antes do pecado, a consciência humana era única. Não havia conhecimento do mal e, portanto, o medo, a insegurança, a culpa e a vergonha não existiam. Não havia o pecado. Figura 9.

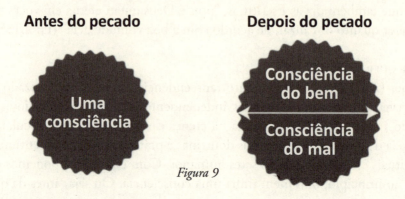

Figura 9

Porém, uma vez que o pecado entrou no homem, a consciência foi dividida em conhecimentos do bem e do mal. Pelo lado da consciência do bem temos a verdade, o amor, a fé, a virtude, a paz, a justiça e outros atributos, características e qualidades que são ativadas e usadas pelo Ser supremo. Pelo lado do mal, temos a mentira, a insegurança, o medo, a raiva, a ira e outras características e emoções que são ativadas e usadas pelo inimigo – Satanás!

Para o meu propósito dentro da teoria dos temperamentos, denominamos **áreas fortes** o lado positivo, com as características e emoções que são usadas por Deus e as **áreas fracas**, de lado negativo. Nas áreas fortes temos a oportunidade de autotranscender, sendo movidos e orientados pelo dom que ativa todo o nosso mecanismo psíquico, conforme o temperamento de cada um. Na autotranscendência surge a iminente necessidade de um autoconhecimento sobre quem eu sou em relação a mim mesmo, ao Ser supremo e aos outros, é preciso criar uma autoimagem e autopercepção diferentes da que temos.

O ser humano se fortalece e engrandece naquilo que tem, razão por que, desde crianças, desenvolvemos a tendência de possuir para sentir algo. É a tendência de a criança querer possuir o mundo ao seu redor: é minha mamãe, meu papai, meu cachorro, meu gato... meu, meu, como já havia mencionado. A nova percepção deve se orientar *a ser parte de e não a possuir a*. Pois, sendo parte, entenderemos que todos nós seres humanos derivamos da mesma semente. Portanto, todos somos carne da carne, ossos dos ossos, nervos dos nervos e sangue do sangue uns dos outros.

Nesta percepção, mudaremos, inclusive, nossa forma de orar e se aproximar de Deus, não como alguns pensam hoje em dia, que podem possuir o Espírito Santo quando, na realidade, nosso objetivo deveria ser parte do Espírito Santo. É nesse transcender que necessitamos repensar nossa fé, nossos valores e crenças. É um conhecer cada vez maior. Cada temperamento e perfil de personalidade são motivados por um atributo principal que ativa todo o mecanismo psíquico. Abre a porta à autotranscendência, para caminhar sobre as fraquezas e problemas da humanidade. É um dom que pode até mesmo influenciar o presente, à medida que rompe as ligações que unem o passado e se projeta no futuro, cheio de otimismo e positividade, ao estar seguro de sua missão e propósito nesta vida. Pode superar todo impacto negativo do presente século e transformar as circunstâncias que surgirem, numa oportunidade de mudança e superação.

A seguir apresento um diagrama que ilustra o nosso processo mental, e como o Pai celestial ativa algumas qualidades e emoções para operar em nós, "tanto o querer quanto o realizar, de acordo com a boa vontade dele" (Fp 2.13).

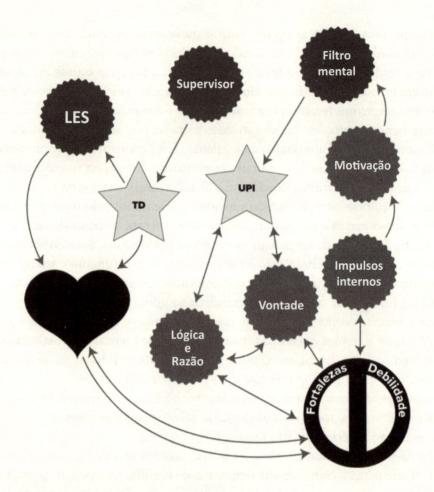

LES = Laboratório de Energia Psíquica
TD = Unidade de Tomada de Decisões
UPI = Unidade de Processamento de Informações.

Temos todos os conhecimentos armazenados na área chamada consciência, da qual procedem os estímulos internos que se convertem em motivações. Estas, por sua vez, entram no filtro mental e dele passam para a unidade de processamento de informações, onde se convertem em pensamentos; pensamos com base em nossa lógica-razão e vontade. As duas áreas estão diretamente ligadas à consciência. As pessoas introvertidas se apoiam mais na lógica do que na vontade para tomar decisões, enquanto as extrovertidas se apoiam mais na vontade do que lógica. Tanto uns como outros, precisam criar um equilíbrio entre nossa lógica e nossa vontade para o bom funcionamento, pois quando a vontade de realizar algo é maior do que a razão para fazê-lo, age-se por impulsos, e quando a lógica e a argumentação são maiores do que a vontade, torna-se difícil tomar decisões.

Uma vez preparado para tomar decisão, a informação é passada ao supervisor que é o espírito e, ao mesmo tempo, enviada à unidade de tomada de decisões. Se o supervisor – o espírito – estiver de acordo com a decisão a ser tomada, envia certos sinais às glândulas para liberar certos hormônios que produzem em nós uma sensação de paz e segurança, indicando que está tudo bem e que vai continuar bem. Porém, se o supervisor (espírito) não concordar com a decisão, ele também envia sinais às glândulas para liberar certos hormônios que criam em nós uma sensação de insegurança, indicando que não façamos tal coisa. A alma tem a capacidade de se rebelar contra o espírito e dizer: "Eu sei que é ruim, mas quero fazer." Uma vez tomada a decisão, este setor passa o sinal para a área do laboratório de energia psíquica, que produz a força necessária para se realizar a decisão tomada.

A resolução tomada e a energia produzida são enviadas ao coração, como um desejo e força para a realização. Depois de ter chegado ao coração, a realização de tal desejo é questão de tempo. O Criador, que conhece nosso funcionamento e tendências, nos adverte que: "Acima de tudo, guarde o seu coração" (Pv 4.23).

Tudo o que pensamos gera sentimentos em nós, embora nem tudo que raciocinamos esteja certo, razão por que há uma grande necessidade de se analisar a motivação na área do filtro mental, para determinar se vem das áreas dos pontos fortes de nosso temperamento ou da área dos pontos fracos. É importante saber que tudo o que vem da área dos pontos fortes trabalha para o nosso bem-estar, ao passo que tudo o que se origina na área dos pontos fracos trabalha para o nosso mal. Por essa razão, dizem as Escrituras: "O ladrão vem apenas para furtar, matar e destruir; eu vim para que tenham vida, e a tenham plenamente" (Jo 10.10). O Criador nos proveu um sistema de alerta espiritual, para que pudéssemos analisar as motivações. Torna-se necessário desenvolver as habilidades que nos permitem decidir o que pensar, pois controlando os pensamentos, torna-se mais fácil controlar os sentimentos.

Há momentos em que você está apressado para terminar algo e, de repente, lhe vem uma motivação para pensar em algo diferente e diz a si mesmo: "Não posso pensar nisso agora porque preciso terminar o que estou fazendo." Dessa maneira, bloqueia a motivação que o distrairia do objetivo principal. Se pudermos fazer isso algumas vezes, conseguimos fazer sempre. Para isso, necessitamos nos disciplinar e nos conscientizar do que viemos fazendo inconscientemente.

O apóstolo Paulo nos exorta: "usem o escudo da fé, com o qual vocês poderão apagar todas as setas inflamadas do Maligno" (Ef 6.16). Temos de entender que as setas de fogo do maligno vêm do nosso interior – da nossa consciência negativa –, pois qualquer coisa que quiser causar algum impacto em nós, tem de ter uma ideia de nossos gostos e desejos. Gostamos de algo que temos provado, e desejamos algo de que gostamos. Aquilo que não conhecemos tem pouco ou nenhum impacto em nós. Os traumas e experiências negativas se assentam em nossa memória, do lado negativo de nossa consciência, levando-nos a desenvolver mecanismos de defesa para superar ou evitar a dor do fracasso. Estas são as motivações que se originam na área de nossas debilidades, ativadas pelo inimigo para roubar nossos sonhos, alegrias e encantos.

De modo que Deus ativa o que existe do Senhor em nós, a fim de nos conduzir a essa vida abundante, e o inimigo, Satanás, ativa o que há do Diabo nos seres humanos, a fim de levá-los a uma vida de miséria. A maior parte, se não forem todos os conhecimentos na área negativa, está baseada na mentira. O maligno não nos deve causar estranhamento, pois "quando mente, fala a sua própria língua, pois é mentiroso e pai da mentira" (Jo 8.44).

E é assim que, em nossa consciência, temos duas portas de acesso ao mundo espiritual: uma localizada na parte dos pontos fortes do temperamento e que dá entrada ao Reino de Deus e a outra, na parte da debilidade, que nos conduz ao reino das trevas. É esta a razão por que vemos pessoas agirem em alguns momentos como filhos de Deus e, em outros, como filhos de Satanás. Muitas pessoas bem-intencionadas podem ser enganadas por seus próprios medos e temores e acabar prejudicando aqueles que mais estimam. Por isso, é necessário que conheçamos a nós mesmos, nosso temperamento – ou temperamentos –, nossos atributos, virtudes, qualidades e características, a fim de forjar a imagem e semelhança do homem ou mulher ideal em cada um de nós. Ao nos esforçarmos diligentemente para incorporar os dons desejados, daremos forma ao homem ou à mulher que queremos ser.

2

TEMPERAMENTO

O temperamento poderia ser descrito como os traços genéticos que nos levam a desenvolver sensações e percepções do que somos no mundo que nos rodeia. É uma parte muito influente no modo que o indivíduo reage em relação às pessoas, acontecimentos, lugares e coisas. É também um fator determinante na percepção de nós mesmos e dos outros. O temperamento é a nossa parte maleável, capacita-nos a entender quem somos e o mundo com o qual interagimos. Permite-nos estabelecer limites, tolhendo, expandindo ou ultrapassando as barreiras às quais fomos condicionados e, ainda, alcançar o sobrenatural.

A definição acima indica que o temperamento é determinante para aquilo que somos e o modo que interagimos com o mundo ao redor. O temperamento provê atributos a todos os seres humanos, que os fazem ser únicos em seu gênero, com orientações movidas pelas forças desses mesmos atributos, criando capacidades e habilidades distintas em cada um. Também nos tornam possuidores de necessidades, as quais variam em orientação e intensidade. A força de cada temperamento é orientada principalmente pela dinâmica do movimento do atributo principal.

O temperamento Sanguíneo/extrovertido é movido pelo atributo do amor, dentro dos parâmetros cognitivos e compreensivos desenvolvidos pelo indivíduo. Deste modo, poucas pessoas têm uma definição clara do amor, ainda que todos falem dele. Por sua vez, o Fleumático/paciente é movido pela serenidade e a calma da paz, enquanto o Colérico/dominante é movido pela força dinâmica da liderança, pois ele nasce para ser líder. Estes são somente três exemplos para demonstrar a razão das diferenças entre as necessidades de um temperamento e outro.

O temperamento é tão determinante no indivíduo que influi tanto em seu caráter como na personalidade. Os pesquisadores comprovaram que nascemos com o temperamento. É algo que está ligado diretamente ao nosso

DNA. Não podemos situar o temperamento em uma área ou órgão específico, mas o encontramos em cada célula vivente do organismo. Ele influi em nossa capacidade intelectual, determinando os gostos, as cores favoritas, o quanto ser amistoso e quanto exercemos de influência na vida e comportamentos alheios. Em outras ocasiões, determinando quanto amor e afeto podemos dar e receber.

De modo que o temperamento nos possibilita conhecermos melhor a maneira como pensamos, sentimos e reagimos. Também nos permite saber o que gostamos, o que não apreciamos, qual é nossa vocação, em que área ocupacional funcionamos mais satisfatoriamente e com quem nos damos melhor no casamento. O Senhor dotou com dons especiais a cada um destes temperamentos, para que cada um deles desenvolva o dom ministerial que lhe foi delegado.

Podemos notar que ao Colérico/dominante, por sua firmeza, disposição e liderança, é outorgado o dom de apostolado, a fim de abrir caminho onde não existe, enfrentar grandes e pequenos, ricos e pobres, poderosos e humildes. É bom recordar que o Colérico/dominante é, por natureza, o líder executivo, com qualidades inatas para executar projetos e planos que para outros parecem impossíveis. Ele nasce com as habilidades de ser um grande líder de empresa, capaz de desenvolver planos empresariais em níveis jamais imaginados. O mundo atual deve muito a pessoas que, motivadas pela ativação deste temperamento, nos levaram a alcançar o mundo industrializado atual.

Ao passo que ao temperamento Melancólico/analítico, honrando sua capacidade de visualização, outorga-se o dom ministerial profético. É por isso que desde a Antiguidade já se chamava o profeta de vidente. O Melancólico/analítico é o único com esta habilidade de visualizar em sua mente aquilo que pensa. Ele é líder visionário, criativo, desenhista e arquiteto, porém, com capacidade de tolerância limitada para a execução de tais projetos. Ele é a pessoa sonhadora que compartilha os sonhos conosco ao traçá-los no papel e nos apresentar como planos desafiadores para o futuro. O amor e a solidão, acompanhados pela tendência de mergulhar no oceano de seus pensamentos, o levam a buscar respostas a perguntas que estão fora dos limites dos pensadores passivos. Achamos natural que o Melancólico/analítico seja o *designer*, o inventor, enquanto o Colérico/dominante seja o executor.

Ao Sanguíneo/extrovertido outorga-se o dom ministerial do evangelismo, já que se move na dinâmica dos sentimentos, emoções e força do amor, tendendo a desenvolver uma grande necessidade de relações pessoais, a habilidade de comunicação e o convencimento. O Sanguíneo/extrovertido é o líder por excelência no campo da comunicação e das relações interpessoais, bem como um grande líder de *marketing*, sendo altamente eficaz na área de vendas.

Já o temperamento Fleumático/paciente, por sua pequena flexibilidade emocional, sua paciência e justiça, é movido pela serenidade e pela calma da paz. Ele recebe o dom ministerial de pastoreio. Este é o líder pacificador, conciliador, o qual leva as pessoas a confrontar sua realidade, porém, não as força a tomar decisões. Ele é o grande mediador, capaz de reconciliar as partes em conflito, tende a ser um excelente líder em nível médio. O Fleumático/paciente pode ser também um excelente líder executivo quando seu temperamento é influenciado por características coléricas. Outorga-se ao Supino/submisso, por sua obediência, lealdade e disposição de serviços, o dom ministerial do ensino (mestre). Por isso é que foi dito: "Quando ele subiu em triunfo às alturas, levou cativo muitos prisioneiros, e deu dons aos homens" (Ef 4.8); "E ele designou alguns para apóstolos, outros para profetas, outros para evangelistas, e outros para pastores e mestres" (Ef 4.11).

Embora possa ser visto como de natureza fraca e deficiente por outros temperamentos fortes, o Supino/submisso é um líder em gentileza, humildade e disposição ao serviço. É o temperamento que melhor representa a essência humana, pois muitas vezes nos sentimos tão fortes e poderosos que nos achamos capazes de mudar o curso da vida e os tempos, quando na realidade somos tão frágeis que uma simples febre nos manda para a cama.

Descobrimos que o Senhor Jesus primeiro abençoa os temperamentos nos seres humanos que nasceram de novo, a fim de libertá-los da maldição de Adão. A Bíblia diz em Mateus, capítulo cinco, começando no versículo 1: "Vendo as multidões, Jesus subiu ao monte e se assentou. Seus discípulos aproximaram-se dele, e ele começou a ensiná-los, dizendo: 'Bem-aventurados os pobres em espírito, pois deles é o Reino dos céus. Bem-aventurados os que choram, pois serão consolados'". Aqui, Jesus faz uma alusão direta aos de temperamento Supino/submisso. Mais adiante, quando estudarmos as tendências dos temperamentos, você identificará as qualidades do Supino/submisso e entenderá por que esse temperamento recebe o dom de ensino (mestre). Na psicologia, esse temperamento é visto como um transtorno de personalidade, sendo chamado de transtorno da personalidade dependente, conceito totalmente oposto aos princípios e planos da criação ao fazer Deus um ser incapacitado para atuar satisfatoriamente no contexto em que vive.

Nenhum dos temperamentos é deficiente e nenhum é melhor que o outro, apenas cada um deles tem propósitos e atributos distintos. "Bem-aventurados os misericordiosos, pois obterão misericórdia" (Mt 5.7). Os Sanguíneos/extrovertidos, embora sejam dirigidos pelas forças do amor, se tornam desorganizados por causa da grande energia intelectual e pouco treinamento sobre como dirigi-la. Isso ocorre no processo mental deles e é demonstrado nos comportamentos, porém são os evangelistas por excelência. Um exemplo é a samaritana do capítulo quatro de João. Apesar de não gozar de boa fama em sua cidade, pois tivera cinco maridos e estava com um que não o era, ao descobrir o poder de seu temperamento quando direcionado para a área forte, conduziu uma multidão ao encontro do Salvador. "Bem-aventurados os puros de coração, pois verão a Deus" (Mt 5.8).

Os Melancólicos/analíticos que se consideram puros e limpos por causa de seu amor pela verdade, fidelidade e bom juízo, como tais, necessitam de uma certeza de Deus para profetizar em seu nome. É como se o capítulo 24 dos Salmos, depois de exaltar a grandeza divina, conclamasse a subir ao Monte Santo e a estar diante da presença divina. O Colérico/dominante responde: "Eu reconheço meus dons e qualidades, porém, por causa da minha necessidade de exercer autoridade e controle, sou um pouco severo, razão por que não devo subir ao monte divino e permanecer no lugar santo." O Sanguíneo/extrovertido declara: "Eu sei que sou misericordioso e gosto de ajudar todas as pessoas, mas sou um pouco desorganizado e pouco persistente, por isso não subirei." O Fleumático/paciente diz: "Embora eu ame a santidade, a calma, a serenidade e a paz, muitas vezes sou lento para reagir. Não subirei." O Supino/submisso anuncia: "Embora seja serviçal, fiel e obediente, reconheço que tenho poucas iniciativas, por isso não subirei." Então, se levanta o indivíduo Melancólico/analítico e diz: "Eu subirei por ser 'aquele que tem as mãos limpas e o coração puro, que não recorre aos ídolos nem jura por deuses falsos'" (Sl 24.4). "Bem-aventurados os pacificadores, pois serão chamados filhos de Deus" (Mt 5.9).

Os Fleumáticos/pacientes, devido à pouca flexibilidade emocional e paciência, gozam de paz mental e podem estabelecer juízo justo, ainda que tenham que prejudicar aos seus, se necessário for. Como pacificadores e por seu abnegado trabalho de mediador, são os bons pastores. Também são os líderes empresariais de nível médio, capazes de manter uma empresa familiar por gerações. "Bem-aventurados os perseguidos por causa da justiça, pois deles é o Reino dos céus" (Mt 5.10). As pessoas de temperamento Colérico/dominante são as que, depois de conhecer a Cristo, usam sua energia intelectual e capacidade de liderança para honrar o dom ministerial do apostolado, tal como fez o grande Saulo de Tarso.

Alexander Thomas, Stella Chess e seus associados realizaram um trabalho de pesquisa sobre o tema. Neste trabalho, encontraram nove características de temperamentos que estão presentes no momento do nascimento e que nos acompanham durante o decorrer da vida. Assim, o temperamento está arraigado na consciência humana, de onde influencia a comunicação neural e dá espaço a expressões fisiológicas, de acordo com o lugar de origem de tal motivação, pois a dicotomia da consciência se manifesta como consciências do bem e do mal. Do ponto de vista dos temperamentos, chamamos de área dos pontos fortes a da consciência do bem, a parte saudável dos temperamentos. A área de consciência do mal é a dos pontos fracos, dos transtornos. Como já mencionamos, Hipócrates classificou quatro temperamentos nos quais se basearam a maior parte dos estudos posteriores. Porém, neste trabalho, tratamos de cinco temperamentos em vez de quatro. Os cinco têm suas bases fisiológicas e expressivas dentro das classificações. Além disso, suas bases teológicas estão fundamentadas no Livro Sagrado, ao qual poderíamos chamar de manual da vida para os normais.

Na imagem e semelhança divina nos humanos, Deus pega algo de si mesmo e coloca nesse ser chamado "homem". Os temperamentos podem ser vistos primeiramente no Criador e depois nos homens. É daí que vem essa grande necessidade que o ser humano manifesta desde a antiguidade de saber quem é o Altíssimo e como ele age. As respostas satisfatórias a essas perguntas abrirão o cofre da sabedoria e entendimento para compreender o humano a partir do Divino, já que o humano é a imagem e semelhança do Criador. É a razão por que o Divino nos proveu de um modelo humano perfeito na pessoa de Jesus Cristo, o qual proclamou a si mesmo como o Filho do homem. Nele encontramos o tipo de comportamento apropriado para cada situação, convertendo-se em um exemplo a ser seguido por seu comportamento espiritual, social e fisiológico.

Os cinco temperamentos são claramente identificáveis, do mesmo modo que os nomes de Deus aos quais se relacionam. Consideramos esses cinco temperamentos "puros". Quatro deles tendem a desenvolver compulsão, sendo eles: Melancólico/analítico, Melancólico/analítico compulsivo; Sanguíneo/extrovertido, Sanguíneo/extrovertido compulsivo; Colérico/dominante, Colérico/dominante compulsivo; Supino/submisso, Supino/submisso compulsivo. O temperamento Fleumático/paciente é o que não expressa compulsão. Devido ao temperamento ser de ordem genética e considerando que o ser humano tem aproximadamente 35 mil genes em sua composição, temos de entender que estes cruzamentos genéticos produzem um número incalculável de traços de temperamentos – sempre centrados nos atributos principais dos cinco temperamentos já mencionados.

Sigmund Freud, considerado o pai da psicologia moderna, pensava que o homem nascia com a mente em branco e que era o produto da sucessão de acontecimentos que vivenciava ao longo da vida. Esta teoria foi descartada com a prática da técnica terapêutica regressiva e com os resultados de outros estudos. Nestes se demonstrou que a criança nasce com sentimentos, emoções e atitudes, porque já, desde o ventre da mãe, ela manifesta emoções e sentimentos.

Temos visto isso muitas vezes em sessões terapêuticas regressivas, nas quais os pacientes conseguem ter acesso ao inconsciente e reviver experiências pré-natais. Como exemplo, temos o caso de um senhor de 56 anos de idade que viveu toda uma vida de insegurança, medo e com uma sensação de rejeição. Este homem conseguiu reviver e se libertar dos sintomas negativos, produzidos pela amarga experiência de se sentir rejeitado desde os três meses de sua gestação.

A mãe convivia com o pai do paciente em uma relação não matrimonial. Ela não percebeu a gravidez até os três meses. Posteriormente, ao descobrir, seu coração foi invadido por tristeza e preocupação. A primeira frase que o bebê ouviu foi: "O que vou fazer agora? Como vou contar a esse homem? Já estou de três meses e é muito arriscado fazer um aborto!" Quando contou a situação ao parceiro, ele entendeu como uma armadilha. Pensou que ela havia engravidado intencionalmente para que ele se casasse com ela e, com firmeza e agressividade lhe disse: "Eu não quero essa criança, então faça um aborto." Ela recusou fazê-lo e preferiu enfrentar os protestos e discussões, que não foram poucos.

Essa vida que estava se desenvolvendo no ventre dessa mulher se sentia culpada, por ser a causa dos protestos e discussões entre seus pais. Depois do nascimento, o pai mudou de opinião e, embora buscasse dar à criança o carinho e afeto de um filho que é bem-vindo ao lar, não obteve sucesso. Em vez disso, este indivíduo desenvolveu uma autoimagem e autopercepção pobres. Daí, derivaram sérios problemas emocionais e sociais, pois nasceu traumatizado pela atitude do pai que, sem saber a magnitude e as consequências de seus atos, causou grandes danos emocionais ao filho. Com nossa ajuda, ele conseguiu se livrar desses sentimentos e emoções negativas que surgiram, como resultado dos traumas experimentados em seu estado de gestação.

Há muitos casos e testemunhos semelhantes a este, de pessoas que temos ajudado a reviver traumas pré-natais e se livrar dos sentimentos e emoções negativas, porém, mencionarei apenas mais um. Trabalhei com uma família na área de Nova York. O casal, após dez anos de união, confirmou, por meio de exames médicos, que não podia procriar e tomou a iniciativa de adotar um filho em um país da América Central. Este casal adotou um menino de dois meses, que fora abandonado pela mãe no momento do nascimento. Felizmente, antes de completar o primeiro ano de vida a criança já estava morando com seus pais adotivos. Eles lhe proporcionaram o amor e carinho que os pais biológicos não puderam dar.

O menino não conhecia os pais biológicos. Para ele, os pais adotivos eram os verdadeiros. Contudo, na festa de cinco anos, invadido pela emoção da celebração e o compartilhar com as crianças convidadas, ele correu para a mãe, a abraçou, beijou e disse: "Te amo, porque você não é como minha outra mãe, que quando eu estava no ventre dela, ela me esmurrava porque não queria que eu nascesse." Os olhos da mãe adotiva se encheram d'água e ela não sabia o que dizer. Ela não esperava essas palavras. Após pensar por alguns instantes, abraçou o filho, tomou-o em seus braços e o levou ao seu quarto dizendo-lhe: "Filho, você não tem outra mãe, eu sou sua mãe", e ele respondeu: "Não mamãe, você é boa, é carinhosa; minha outra mãe é má, ela não queria que eu nascesse." É assim que muitos nascem com as emoções afetadas.

Assim como foi feito da terra "débil", o homem pode se identificar com tudo o que é terrestre. Fisiologicamente, o homem é mais parecido com o animal do que com qualquer outra criatura. Tem mais parentesco com o animal do que com as plantas e outras criações inorgânicas. Anatomicamente, o homem tem carne, sangue, ossos e nervos – estruturas anatômicas que também se encontram no corpo animal. Este mesmo ser, com parentesco animal, tem também afinidade divina, porquanto também é um ser espiritual. Deus colocou nele o espírito de vida, o que o faz se identificar com o Criador.

O temperamento se manifesta dentro dessas duas vertentes: pontos fortes e pontos fracos. O homem é fraco na consciência do mal, com inclinação ao carnal, destrutivo e pernicioso, porém é forte na consciência do bem, com inclinação para o Espírito de Deus. O temperamento faz de cada ser humano um ser único e especial no mundo e, ainda que na verdade sejamos muitos, não vamos encontrar duas pessoas idênticas. O temperamento influencia grandemente no comportamento humano. Este delineia a capacidade intelectual, de inter-relação do indivíduo, de adaptação, sensibilidade, persistência, aptidão de amar e ser amado, habilidade de controle sobre a vida e comportamentos dos demais, etc.

COMPORTAMENTO HUMANO

O comportamento humano é influenciado por múltiplos fatores, porém repousa sobre três colunas principais. A primeira delas é dada por Deus. É genética e se chama **temperamento**. Estimula o comportamento, de acordo com a orientação e força dos atributos próprios do temperamento. Claro que estes predicados operam dentro das áreas dos pontos fortes e pontos fracos. É a parte construída por Deus. O dicionário de psicologia da Penguin define temperamento como "o aspecto geral de um indivíduo caracterizado pelo padrão das disposições das reações, mudanças de humor e nível de sensibilidade, como resultado dos estímulos".

Os pais precisam ser bem treinados no assunto, para que possam identificar os temperamentos de seus filhos e ajudá-los a desenvolver os atributos dos padrões de excelência na sociedade em que vivem. Por exemplo, o Sanguíneo/extrovertido tem como dom o amor, porém, um conceito errado deste aspecto o desvia de seus valores originais e, movendo-se na concupiscência humana, dá lugar às dissensões e paixões desordenadas, condicionando-se assim à instabilidade nas relações familiares e conjugais.

Por outro lado, o Colérico/dominante, que recebe o poder como atributo, ao não ser motivado na área dos pontos fortes, usa as qualidades do temperamento para exercer controle e autoridade e, em muitas situações, manipula o comportamento dos outros causando divisões e protestos. Porém, quando o Sanguíneo/extrovertido é motivado nas áreas fortes, se converte em um humorista. É aquele que compartilha o que tem e que ajuda aos necessitados, enquanto que o Colérico/dominante se converte no líder executivo capaz de desenvolver planos que, para outros, parecem impossíveis.

A segunda coluna forte do comportamento humano é construída pelo homem e se chama **caráter**. Este é o "eu social" desenvolvido. Contudo, o caráter também se manifesta nas duas áreas dos temperamentos: a dos pontos fortes e a dos pontos fracos. Cada indivíduo tem um grupo de características positivas para desenvolver, dentre elas amor, respeito, honestidade, confiança, bondade, responsabilidade etc. Estas características estão incluídas no aglomerado de peculiaridades e qualidades que, movidas pela força dos dons, delineiam a excelência humana.

Também encontramos aspectos negativos no caráter, situados no lado obscuro dos dons. Isso porque um atributo pode ser motivado por forças positivas ou negativas. O amor, como dom, pode ser motivado pelo espírito do *El-Shaddai* e se manifestar a partir da excelência, ou pode ser motivado pelo espírito *porneiros* (palavra grega que significa desvirtuar o verdadeiro amor), levando o indivíduo à sensualidade e paixões desordenadas e resultando em insegurança, medo, ira, inveja etc.

A terceira coluna forte do comportamento humano é o "eu mesmo", a chamada **personalidade**. Sperry (2003), Cloninger e seus colegas (1993-2000) descrevem a personalidade como a influência do temperamento e caráter, onde o temperamento refere-se à parte inata, genética e constitucional que influencia a personalidade. Por caráter, diz-se a respeito da influência psicológica aprendida na personalidade.

Muitos teóricos têm usado o termo personalidade com certas variantes em seu significado, segundo seu papel na abordagem teórica. A primeira teoria da personalidade é de Hipócrates, com os traços dos quatro temperamentos enunciados por ele. Porém, podemos dizer que todas as teorias da personalidade assumem que esta é definida como o resumo dos traços ou maneiras de se comportar, pensar, sentir e reagir. Contudo, o problema da personalidade é a máscara que trazemos do mundo, um simulacro de estampa constituído por nossa cultura, tradições e conhecimentos. Ela faz com que sintamos ou desejemos uma coisa e expressemos ou demonstremos outra.

Igualmente, este simulacro revela a nós mesmos que estamos divididos, que há um problema de integração no ser humano: "Pois o que faço não é o bem que desejo, mas o mal que não quero fazer, esse eu continuo fazendo" (Rm 7.19). A maior responsabilidade dessa máscara recai nas disfunções familiares e em pais não preparados para disciplinar e educar os filhos. São eles que, ao desconhecer os temperamentos dos filhos e não saber como motivá-los a desenvolver seus dons e formar um bom caráter, os obrigam, de certa forma, a colocar a máscara para satisfazer suas demandas. Estes pais muitas vezes forçam os filhos a fazer as coisas que eles querem, da maneira que querem, impedindo assim a capacidade criativa e de independência desses filhos. Assim, os filhos abandonam suas identidades, sentimentos e percepções pessoais para ser o que os pais querem que sejam. Estas são as pessoas que não se valorizam em função daquilo que são, mas pelo modo como são aceitas pelos outros.

Nós armazenamos informações em nossas memórias, na forma de símbolos e figuras. Conseguimos entender o que podemos imaginar na forma de figuras e conseguimos valorizar o que compreendemos. Muitos jovens que vêm às nossas consultas nos confessam: "Não sei quem sou." É extremamente difícil ter um bom conceito de si mesmo, quando não se tem uma boa autoimagem.

Para muita gente, é difícil pensar algo de si mesmo porque não criou a própria imagem, motivo pelo qual se esforçam em agradar aos demais em busca de aceitação. Valorizam-se em função do modo que os demais dão valor, fomentando assim a base para a frustração e tantos outros males. É necessário formar uma imagem clara e precisa do que se é para se descobrir o que há nesse ser que o faz diferente dos demais, mesmo quando fisiologicamente sejam iguais. Então, assim funcionará, baseando-se no que é e não no que se tem, ao se preparar para escalar os degraus mais altos e sublimes da humanidade.

Nossa missão é ajudar os indivíduos a descobrir a si mesmos, melhorar a autoaceitação e a autoconfiança para empreender – livre de medo e temores – a jornada da vida.

PRINCIPAIS ÁREAS DE NECESSIDADES DOS TEMPERAMENTOS

Embora se possam identificar diversas áreas de necessidades no indivíduo, nos concentraremos nas três principais descritas por Schutz (1966), em seu trabalho de relações interpessoais, FIRO-B (sigla para Fundamental Inter-pessoal Relations Oriented-Behavior). Estas áreas são: a) do ponto de vista cristão: espírito, alma e corpo; b) do ponto de vista da ciência: psicológico, social e fisiológico.

Esta tricotomia é apresentada por Kotre e Hall (1997), como um sistema de tempo composto por três relógios que devem trabalhar em sincronia para o bom funcionamento do indivíduo. São eles: os relógios biológico, o psico-lógico e o social. O relógio biológico indica a hora de cada função fisiológi-ca, começando no desenvolvimento pré-natal, de quando é o momento de o bebê começar a caminhar, de quando é hora de nascerem os dentes e o cabelo etc. O relógio psicológico vai marcando a hora do desenvolvimento das funções psíquicas, incluindo as cognitivas e afetivas. O relógio social indica a hora das relações, de quando é hora de saber quem é mamãe e quem é papai e como se relacionar com eles e com os outros.

As necessidades temperamentais também se expressam dentro das três áreas descritas anteriormente. Visando nossos propósitos, as chamaremos de inclusão, controle e afeto. Elas serão definidas e detalhadas mais adiante. Ao analisar as necessidades interpessoais manifestadas nas áreas mencionadas, se encontra um paralelo com as necessidades biológicas.

Schutz (1966) propõe que as necessidades biológicas são vistas como requisitos para se estabelecer e conservar uma relação satisfatória entre o organismo e seu ambiente físico. Uma necessidade interpessoal é o re-quisito para se firmar e manter uma relação satisfatória entre o indiví-duo e seu ambiente humano. Uma necessidade biológica não satisfeita pode dar lugar ao desenvolvimento de enfermidades físicas e, em certas circunstâncias, até à morte; ao passo que uma necessidade interpessoal não satisfeita pode desencadear enfermidades mentais e, em certos casos, conduzir à morte.

Inclusão

A inclusão é o centro operacional do Espírito. Tal como está escrito: "O Espírito dá vida; a carne não produz nada que se aproveite" (Jo 6.63). Situamos essa parte no cérebro, dando e administrando vida a todo o corpo, por essa razão o homem só morre clinicamente até que o cérebro pare de funcionar (até que o espírito abandone seu centro operacional). A inclusão é a porção central do homem intelectual, a parte de orientação social que determina se o indivíduo é introvertido ou extrovertido, se está orientado a relações pessoais ou a metas e objetivos. É o setor que determina o grau de energia intelectual do indivíduo. É a agência central de identidade do indivíduo e onde se situa sua orientação sexual. De modo que é na área de inclusão que se centraliza o potencial de bem-estar espiritual e emocional da pessoa. Este potencial se reduz a uma expressão mínima, até que no indivíduo não se realize o milagre do novo nascimento e comece a desenvolver uma relação com seu Criador e doador da vida no espírito.

Em função desta relação, o indivíduo desenvolve sua fé no Divino e desenvolve conceitos acerca de Deus, os quais são decisivos em sua qualidade de vida. É em função dessa relação com o Criador que o homem pode entender e dar significado ao que é o amor, a verdade, a paz, a bondade e outros dons. Quando o ser humano desenvolve essa relação com outro ser que não seja o Divino, coloca este ser no lugar do Altíssimo e assim também interagirá com outras pessoas.

Antes de Adão pecar, nossa área de inclusão era uníssona com nossa área de controle e afetos. Quer dizer, ela funcionava em perfeita harmonia. O homem não conhecia o mal. A única fonte de inspiração espiritual era Deus. Porém, depois do pecado, o mal ocupou o lugar do Criador ao assenhorar-se dos seres humanos, criando uma divisão entre eles e o Divino. Esta divisão se internaliza no próprio ser humano, entre seu espírito, alma e corpo, entre essa porção intelectual-psicológica, a parte social e o corpo físico. Isso leva o indivíduo a se sentir dividido entre o que pensa e sente, pois, muitas vezes, o pensamento e o raciocínio o impulsionam a tomar uma decisão, porém, em seu coração, sente fazer outra coisa, criando certo grau de confusão e angústia.

Na área de inclusão está situada a percepção, que nos permite elevar e ultrapassar os limites da fraqueza humana, chegando a compreender que, embora fisicamente estejamos limitados pelas barreiras de tempo e espaço, há em nós algo que nos permite transpô-las. Nisso também existe o perigo de se desligar da realidade e se perder no espaço da mente.

Inclusão é a área da mente e o cérebro é a estrutura fisiológica usada pela mente para sua expressão e ação. Este se encontra em constante desenvolvimento, dando oportunidade a novas conexões neurológicas que movem os impulsos e intenções da mente. Quão tamanha complexidade do ser humano, que, em um corpo de aproximadamente 90 quilos, possa existir tantos micro-organismos chamados células, capazes de perceber e transmitir o não físico, dentro da capacidade compreensiva de cada um. É nessa área de inclusão que se desenvolvem os transtornos ou os males emocionais, mentais e psicológicos.

Da mesma maneira, na área de inclusão se manifestam as necessidades do indivíduo de estabelecer e manter relações satisfatórias com ele mesmo. Estas se refletem de duas maneiras: primeiro, na forma de impressões do que a pessoa sente e como se sente; a outra é comportamental, o modo que demonstra ou expressa os sentimentos. Também se manifesta nessa área de inclusão a necessidade psicológica de firmar e conservar relações satisfatórias com os demais. Uma necessidade não satisfeita nessa área pode dar lugar ao desenvolvimento de transtornos, enfermidades mentais ou psicológicas e, em certos casos, levar à morte, tal como expressou Schutz.

CONTROLE

O controle é a área do homem social, onde se concentra a análise e a tomada de decisões. É o setor de aceitação de responsabilidades da própria pessoa e dos outros. É a parte que determina quanto controle permitimos que outros exerçam sobre nossa vida e comportamentos e quanto controle queremos exercer sobre a vida e comportamentos dos demais. É onde repousa o manejo das emoções e da vontade para expressá-las de um modo socialmente aceitável. Além disso, é o espaço que motiva os sentimentos.

As emoções e sentimentos podem ser motivados na área da inclusão. Por isso, quando a pessoa não conhece a Cristo, ou melhor, não nasceu de novo, essas emoções, vontades e sentimentos são impulsionados por outras fontes fora do Criador, mesmo quando o Altíssimo reserva-se o direito exclusivo de ativar o que dele há nesse indivíduo – "pois é Deus quem efetua em vocês tanto o querer quanto o realizar, de acordo com a boa vontade dele" (Fp 2.13). Relacionamos à alma esta área de controle. Embora todos os temperamentos tenham necessidades semelhantes, neste espaço de controle ou área social, a necessidade de cada um é movida pelo atributo principal do temperamento. Portanto, a pessoa de determinado temperamento sentirá uma necessidade enorme de exercer controle e autoridade sobre a vida dos demais, enquanto outra não se preocupa em controlar, mas sim em ser controlada e não ter todo o peso da responsabilidade nas decisões a serem tomadas.

Aqui se propõe que a alma seja a porção do homem que, sem ser matéria, se forma ao mesmo tempo que o corpo físico e funciona como a parte que ajusta ou adapta o espiritual infinito ao corpo físico finito. A alma não é o espírito. O homem precisa nascer da alma para ativar seus sentidos espirituais e assim ouvir a voz do espírito, ver, cheirar, saborear e sentir as coisas espirituais. Quando o homem morre espiritualmente, a alma se inclina ao corpo físico e, por conseguinte, fica sujeito à mentira. Logo, necessita nascer para a verdade e dar um novo significado às coisas conhecidas. Quando se produz este "nascimento", o homem é preparado para pensar e atuar em função de sua relação com o Criador e as coisas de Deus, para que as sinta, deseje e experimente, entrando assim em um nível mais elevado de relações e reações, em concordância com as coisas eternas e divinas.

Ao estudar as ciências sociais, nos damos conta de que, desde os tempos pré-históricos, existe certa confusão de identidade no ser humano que o move a desenvolver a tendência de possessão, porque pensa que, possuindo algo, é identificado pelo que possui. Temos a tendência de querer tomar posse e controlar o que nos rodeia, quando realmente nossa maior conquista deveria ser nos apossarmos de nós mesmos, sendo capazes de dirigir nossas capacidades, dons e qualidades, de forma que nos exaltem e tragam bem-estar a muitas outras pessoas.

Então, entenderemos que não necessitamos controlar a maneira como fazemos e sim estimularmos uns aos outros, a cada ser com suas virtudes e defeitos, porque quanto mais se estimular as virtudes, menos serão vistos os defeitos. Uma necessidade na área de controle se manifesta de duas formas: como o indivíduo se relaciona com os demais e de que maneira ele deseja que os outros se relacionem com ele. Uma necessidade não satisfeita na área de controle pode dar lugar ao desenvolvimento de transtornos sociais e psicológicos e, em certos casos, levar à morte. Estes transtornos podem se manifestar como transtornos de conduta e de personalidade.

Afetos

Afeto é a área físico-afetiva na qual se pode demostrar as emoções e sentimentos de forma tangível. É o setor onde o ser humano demostra a quantidade de amor e afetos que pode dar e receber, quão amistoso ele pode ser com os demais e quão afetuoso deseja que os outros sejam com ele. Também é o departamento da necessidade de relações pessoais, sejam elas superficiais ou profundas. Esta parte afetiva toma o coração como o centro operacional. Quando falamos de coração, não estamos nos referindo ao órgão físico, mas a uma área que o inclui. É simplesmente o centro de execução do homem. Na alma se tomam as decisões e estas são enviadas ao coração para execução. Quando chegam ao coração na forma de sentimentos ou desejos, as decisões vêm acompanhadas da energia psíquica para sua realização.

Se o homem não executa esses desejos, precisa então tratar a energia psíquica de modo apropriado, porque, do contrário, afetará seu corpo físico com doenças psicossomáticas. Assim como na inclusão e controle, todos os temperamentos têm necessidades físico-afetivas semelhantes, porém cada um deles as expressa em diferente grau e intensidade, conforme sua orientação principal nessa área. O dom do amor, por exemplo, se expressa de modo e intensidade diferentes. Todas as flores necessitam de água, mas nem todas precisam ser regadas na mesma quantidade. Há flores que tem de ser aguadas todos os dias, enquanto existem outras que se forem regadas todos os dias, morrem.

Chapman (1992) conseguiu distinguir cinco formas diferentes de expressar amor e escreveu o livro intitulado *As cinco linguagens do amor*. Eu não conversei com Chapman e não sei se ele tinha em mente os temperamentos quando escreveu o livro, mas estou convencido de que estas linguagens do amor descrevem claramente como cada temperamento expressa e deseja amor, carinho e afetos. Ele o classificou da seguinte maneira: (i) palavra de afirmação se identifica com a linguagem de amor do Melancólico/analítico; (ii) tempo de qualidade se identifica com a linguagem de amor do Fleumático/paciente; (iii) dar e receber presentes, a linguagem de amor do Colérico/dominante; (iv) dedicação a servir, a linguagem do Supino/submisso e por último, (v) toque físico, a linguagem de amor do Sanguíneo/extrovertido.

Uma necessidade nessa área de afetos é descrita como os requisitos para se estabelecer e conservar uma relação satisfatória – no que se refere ao amor e afetos. Esta carência se manifesta de duas maneiras: psicológica, firmada em sentimentos, e outra comportamental, baseada em como expressar o que se sente. O indivíduo precisa firmar e manter uma relação de amor e afeto satisfatória consigo mesmo, valorizar-se, respeitar-se e amar a si mesmo. Fundamentado nessa relação satisfatória consigo mesmo, poder estabelecer e manter essas desejadas relações satisfatórias com os outros. Uma necessidade não satisfeita nessa área pode desencadear transtornos afetivos, comportamentais e psicológicos e, em certos casos, a morte.

Divisões das necessidades dos temperamentos

A consciência humana foi dividida a partir da entrada do mal nos seres humanos, convertendo-se assim em um fator de tensão ao ter de decidir entre fazer o bem ou o mal. O intelecto nos leva a pensar em fazer o que é bom, ou aquilo que entendemos ser bom. Porém, o medo de errar e fracassar cria certo nível de tensão e insegurança, razão por que o ser humano tende a proteger seus sentimentos mais puros, sublimes e ternos. Isso tudo, acompanhado da máscara da personalidade, leva os seres humanos a comunicar suas necessidades de temperamentos de duas maneiras, fazendo com que cada uma delas tenha duas divisões.

As divisões das necessidades dos temperamentos são: *desejada e expressa*. A divisão **desejada** é a carência psicológica real do indivíduo, em termos de urgência e intensidade. É a maneira pela qual o indivíduo quer ser abordado pelos demais e como realmente quer compartilhar com eles seus sentimentos e emoções. O medo de se equivocar, de não ser compreendido e correspondido do modo desejado e, dessa maneira, sofrer feridas emocionais e sentimentais, leva os seres humanos a demonstrar suas necessidades em graus e intensidades diferentes do que verdadeiramente desejam.

Estas divisões das necessidades estão vinculadas às três áreas de ações e reações humanas: inclusão, controle e afeto. Este vínculo determina que as partes emocionais e espirituais do homem precisam estar diretamente ligadas, quando se firmar e manter relações profundas com Deus. Além disso, determina que nossas partes, emocional e afetiva, estejam intimamente entrelaçadas, a fim de desenvolvermos relações profundas com nós mesmos e com nossos entes queridos.

As pessoas com temperamentos introvertidos tendem a manifestar comportamentos indiretos, ou seja, ao desejarem uma coisa, demonstram outra. Por exemplo, a mulher melancólica que deseja os afetos e carícias do marido. Quando ele se aproxima, ela diz: "Não toque em mim! Quero ficar sozinha!". Quando o marido acata sua petição, ela tende a entrar em um intenso oceano psíquico e em um mundo de solidão mental. Começa, então, a pensar que seu marido já não a quer, que ela não tem importância para ele, abrindo-se assim a porta para um episódio depressivo. Do mesmo modo, os indivíduos de alguns temperamentos extrovertidos tendem a exagerar a intensidade de suas necessidades, convertendo-se naqueles que "chamam a atenção" dos demais. Estas carências são sentidas e expressas nas três áreas de necessidades abordadas anteriormente.

A divisão **expressa** é a forma comportamental da necessidade. Aquilo que se sente se exprime por meio dos comportamentos. É a maneira de comunicar o que se sente. É o modo que o indivíduo tem de se aproximar dos demais e dizer que "eu posso e quero compartilhar com você"; mas isso também é influenciado pelo atributo do temperamento nessa área.

Desenvolveram-se muitas técnicas de observação, com a finalidade de entender o estado interior da pessoa por meio do comportamento demonstrado, razão por que é possível entender o grande problema de relacionamento entre cônjuges e membros familiares. É importante esclarecer que há indivíduos introvertidos para os quais verbalizar certos sentimentos é complicado. Por exemplo, encontramos indivíduos Melancólicos/analíticos que, desde a infância, começaram a ter dificuldade em exprimir ou comunicar verbalmente o que sentem. Em algumas ocasiões, ao falar com os pais, cortam as palavras, o que reduz o nível de compreensão por parte dos demais e quando são questionados acerca do que querem dizer, costumam responder "não importa" ou "não se preocupe", finalizando assim todo o intento de comunicação. Quando isso acontece, o indivíduo entra em seu oceano psíquico de confusão e frustração por não conseguir comunicar o que sente. Essas pessoas fazem parte do grupo de jovens que dizem a si mesmos: "Ninguém me entende!" Ao entrarem na indesejada e destrutiva solidão ou quando a ela dão oportunidade, se abordados pelos pais, familiares ou amigos próximos, eles dizem "Você não entende", como uma maneira de comunicar: "Deixe-me submerso em minha solidão!".

Terapia de temperamentos

Terapia é o termo usado para tratamento de enfermidades, transtornos ou desordens físicas, emocionais e psicológicas, na qual se utilizam medicamentos ou outros procedimentos terapêuticos. Estabelece-se e segue-se o processo terapêutico com o objetivo de alterar ou modificar o comportamento ou formas de condutas não desejados, maneiras de proceder que são nocivas aos indivíduos e aos demais.

A terapia do temperamento não tem o objetivo de modificar o comportamento, mas renovar o pensamento, tal como está escrito: "a serem renovados no modo de pensar" (Ef 4.23). O homem pensa o que conhece, vê, ouve, saboreia, cheira e toca, sente o que pensa e reage em função do que percebe. Por isso, se conseguirmos ajudar uma pessoa a mudar a maneira de pensar, estaremos, na verdade, ajudando-a a mudar sua forma de sentir e atuar. De fato, o Senhor nos manda pensar em sua Palavra para que a sintamos e possamos viver por ela. "Que todas estas palavras que hoje lhe ordeno estejam em seu coração. Ensine-as com persistência a seus filhos. Converse sobre elas quando estiver sentado em casa, quando estiver andando pelo caminho, quando se deitar e quando se levantar" (Dt 6.6-7).

Para aplicar um processo terapêutico apropriado, será necessário conhecer o que o indivíduo tem de extrovertido e introvertido. É preciso também se ter algum conhecimento sobre as necessidades dos temperamentos, a fim de determinar o que é saudável e o que é nocivo. A base para qualquer disciplina terapêutica começa com a instituição de tal técnica que, para nosso aprendizado, será cada um dos temperamentos puros. Como se sabe, a maioria das pessoas tem temperamento composto. Os temperamentos puros são encontrados em pouquíssimas pessoas, isto é, alguém que tenha o mesmo temperamento nas três áreas já mencionadas. O mais comum é encontrar pessoas com um temperamento na área da inclusão, outro na área de controle e um terceiro na área de afeto.

Esta terapia de temperamentos se fundamenta em certos postulados, tais como: o ser humano é criação de Deus e nele está a imagem e semelhança do Criador. Para poder entender o ser humano em sua plenitude, é preciso conhecer algo do Altíssimo, "pois é Deus quem efetua em vocês tanto o querer quanto o realizar, de acordo com a boa vontade dele" (Fp 2.13). O tipo de personalidade desta terapia é tripartido. A terapia em si consiste em uma abordagem holística dos problemas emocionais, mentais e relacionais dos seres humanos.

Na técnica terapêutica vimos o homem tripartido, como descreve a Bíblia (espírito, alma e corpo; ou o psicológico, social e físico-afetivo), o modelo de saúde a seguir – o modelo de um homem perfeito. É um chamado à autotranscendência. A ética a seguir é estabelecida por nosso Senhor Jesus Cristo. Nosso modelo terapêutico é holístico, no qual não tratamos de ajudar o indivíduo para que se ajuste a sua condição, mas para que assuma o controle. Este processo terapêutico é orientado pela grande missão de auxiliar o indivíduo a criar e ter um conceito claro de sua identidade pessoal e, com base nela, formar a autoimagem e percepção. Ao ter consciência de que você "é um ser criado à imagem e semelhança do Ser supremo, Deus", isto o levará a desenvolver uma série de conexões fisiológicas, capacitando-o a ir além do relativo e entrar na vasta dimensão do absoluto.

Nessa relação com o Divino, aumenta-se a percepção espiritual, permitindo o fluir do espírito de vida, poder, amor, verdade, inteligência, sabedoria, justiça e de paz, a fim de entender qual é a perfeita vontade divina na relação com o terapeuta e com aqueles que nos buscam em nossos consultórios para receberem ajuda.

A terapia de temperamentos provê as ferramentas para o descobrimento, análise e desenvolvimento das virtudes e qualidades dos seres humanos. É um farol que vem iluminar nossa sociedade, tão mentalmente evoluída e confusa. Sua aplicação prática é a de guiar o homem para que encontre e mantenha o equilíbrio delicado entre o emocional, espiritual e social. Equilíbrio indispensável para o desenvolvimento do potencial que há em cada ser humano e, assim, poder agir como verdadeiros filhos de Deus, emocional e socialmente balanceados.

Esse equilíbrio fundamenta-se "em justiça e em santidade provenientes da verdade" (Ef 4.24), onde a psicologia começa em Deus, que coloca sua imagem e semelhança nos seres humanos e quem, inclusive, motiva e dirige o comportamento do homem. Esperamos que, quando for elaborada e apresentada, essa técnica terapêutica supere o escrutínio e as paredes de adversidades que a ela opor-se-ão. Ela virá a satisfazer não somente as expectativas cristãs, mas também as científicas. De fato, com o desenvolvimento da neurociência e da genética, cabe a esta descoberta a grande necessidade de integrar as funções espirituais nos tratamentos de saúde, a fim de se obter os resultados desejados.

O Senhor Jesus Cristo encarnou em si mesmo todas as virtudes divinas e humanas, porquanto ele é o Deus/homem em quem se combinam os cinco temperamentos, para dar cumprimento ao já escrito: "e, por estarem nele, que é o Cabeça de todo poder e autoridade, vocês receberam a plenitude" (Cl 2.10). Além disso, em Cristo se combinam os cinco nomes divinos, "pois em Cristo habita corporalmente toda a plenitude da divindade" (Cl 2.9), para dar lugar àqueles cinco nomes e posturas de Deus no Antigo Testamento e assim estabelecer a paz entre todos os homens e Deus.

Com a técnica terapêutica de temperamento, podemos identificar o potencial do indivíduo para funcionar nas três áreas de necessidades, como no intelecto, a energia intelectual e a capacidade de canalizar essa energia. Quando se desenvolve a capacidade para canalizar a inteligência, isso é sabedoria. A energia intelectual se constitui em um fator de tensão, razão por que muitos se sentem frustrados consigo mesmos, porque sabem que são inteligentes e que podem funcionar em níveis mais avançados. Como não conseguem fazê-lo, se afundam em um oceano de emoções perturbadoras, dando lugar à autocrítica e a culpa.

É nessa área determinada do intelecto na qual se define se o indivíduo será uma pessoa extrovertida ou introvertida, também sua aptidão de liderança, habilidades para tomar decisões e de influenciar na vida e comportamentos dos demais, assim como sua capacidade de ser influenciado por outros. Temos de notar que cada indivíduo é único. Ao possuírem os mesmos temperamentos, duas pessoas poderão ter a mesma reação diante de determinados acontecimentos, mas a intensidade de tal reação será diferente entre uma e outra.

Podemos, inclusive, definir a capacidade de socialização e as habilidades de interagir com outros mesmo dentro do círculo familiar. Podemos auxiliar a pessoa a conhecer suas áreas fortes e fracas, para que possa realizar as mudanças internas necessárias e aprimorar o potencial que Deus lhe deu, no ambiente onde se desenvolve. Um dos grandes problemas dos seres humanos repousa em se **concentrar** e se esforçar em satisfazer ou corrigir os defeitos, quando na realidade o que necessitamos é identificar e desenvolver os dons, virtudes, qualidades e fortalezas. Não se trata de negar as fraquezas, defeitos e erros, mas sim de aprender a tratá-los com eficácia.

Esta é a importância do conhecimento dos temperamentos: conhecendo as peculiaridades, podemos ajudar a pessoa a conhecer a si mesma e apoiá-la no estabelecimento de uma relação apropriada entre as capacidades inerentes a seu temperamento e suas aptidões físicas. Assim, ela conseguirá interagir em relações que se estabelecem de forma tridimensional. Do ponto de vista científico, seria psicológico, biológico e social mas, do nosso ponto de vista, é espírito, alma e corpo. Esta integração é indispensável para o desenvolvimento do potencial de cada indivíduo.

O objetivo da teoria dos temperamentos é conduzir a pessoa até que ela encontre e mantenha o delicado equilíbrio existente entre espírito, alma e corpo. Portanto, reflete-se como bem-estar espiritual e emocional. No processo mental do indivíduo há muitos fatores que influenciam e que podem levar a pessoa a se desligar do mundo real e entrar em um espaço imaginário. Este mundo pode ser tão simples que o próprio indivíduo não o aceite, ou tão complexo que se perca nele, tornando-se assim desconectado de sua realidade.

A técnica terapêutica baseada nos temperamentos é tridimensional. Nela, os males, transtornos e necessidades são identificados por meio do diagnóstico. Suas intensidades são numericamente mensuráveis e oferecem as ferramentas psicométricas para determinar o temperamento do indivíduo, em cada área de necessidade. A terapia de temperamentos tem dois objetivos: i) identificar as fortalezas e necessidades temperamentais do indivíduo – para isto, nos valemos da avaliação biopsicossocial, o teste FIRO-B e a análise dos traços da personalidade; ii) auxiliar o indivíduo a encontrar ou descobrir os meios para suprir tais necessidades, estabelecendo planos de tratamentos com metas e objetivos que sejam mensuráveis. Assim poderão ser avaliados os resultados terapêuticos, por meio da terapia simples, sem medicamentos, ou acompanhada do cuidado psiquiátrico com medicamentos, dependendo da gravidade dos sintomas.

Cada temperamento tem necessidades distintas e, as carências emocionais básicas do ser humano como dar e receber amor, são experimentadas em diferentes níveis de intensidade de reação.

PSICOLOGIA CRISTÃ

A necessidade de formulação para a psicologia cristã poderia ser vista como um conto de fadas do passado, porque não possuíamos conhecimentos, nem os instrumentos de pesquisa adequados. Porém, com o avanço no estudo da célula e suas funções, se abrem as portas para o surgimento desse novo movimento psicológico, o qual se poderá definir como o estudo do comportamento humano, de acordo com a verdade, a Palavra de Deus, a Bíblia e com a ética estabelecida por nosso Senhor Jesus Cristo. Este movimento deverá integrar os conhecimentos das ciências da psicologia e teologia, tendo o cuidado de que os resultados de estudos científicos na área da psicologia, não venham a afetar o divinamente estabelecido, nem que as interpretações teológicas minimizem os resultados de estudos sérios que foram realizados minuciosamente por profissionais competentes e dedicados. O dicionário Webster define psicologia como a ciência que estuda o comportamento humano e animal. A psicologia, como tal, deve ser vista mais como um ministério especializado e profissional.

A cristandade crê na soberania de Deus, o que nos leva a pensar que cada pessoa vem a este mundo com propósitos definidos, para o qual o Altíssimo pôs em cada um o temperamento que o capacita para a realização de tais propósitos. Nesse sentido, nossa meta é ajudar os filhos de Deus, a fim de que desenvolvam seu potencial no mundo em que vivemos. Não podemos alcançar nossos propósitos se não usarmos os conhecimentos históricos, antropológicos, biológicos e psicológicos de outras ciências e os bíblicos. Incorporamos todos estes conhecimentos dentro do campo da psicologia cristã, para servir melhor a nossos irmãos, entendendo que o ser humano tem necessidades espirituais, sociais e fisiológicas. Essas necessidades devem ser satisfeitas no contexto correspondente, pois, da mesma forma que buscamos os médicos para tratamentos do corpo físico, é necessário buscarmos os profissionais da saúde mental e das ciências da psicologia para tratar problemas emocionais, mentais, psicológicos e sociais.

A integração das ciências da psicologia e teologia é algo que vai sendo traçado ao longo do tempo. De fato, há muitos que já estão trabalhando na proposta de métodos da integração. Como um dos propósitos principais da psicologia é entender as funções psíquicas e o comportamento, um dos principais propósitos da terapia de temperamentos será a restauração do ser humano ao seu estado original, à posição de filhos de Deus, processo no qual se crescerá "em justiça e em santidade provenientes da verdade" (Ef 4.24).

ACONSELHAMENTO CRISTÃO

O aconselhamento cristão existe há milhares de anos. É claro que, com o florescer das ciências e pela maneira como alguns cientistas propõem os temas relacionados ao funcionamento psíquico, criou-se uma faixa de separação entre teologia e ciência. Contudo, é preciso compreender que o homem é um ser com necessidades múltiplas, sendo que umas precisam ser satisfeitas teologicamente e outras, cientificamente.

A divisão entre a comunidade de fé e a científica tem sido um fator de contribuição para a confusão e os males da humanidade. Porém, a integração de ambas em um sistema holístico centralizado no serviço a esse ser corrompido, aplanará o caminho para o bem-estar humano. Como conselheiros cristãos, temos uma missão diferente daquela dos conselheiros não cristãos. Devemos orientar as pessoas deste mundo não somente para que consigam lidar com o estresse e as pressões diárias, mas também para que se esforcem a manter suas vidas espiritualmente fortes e moralmente corretas. Contrasta com a missão do conselheiro não cristão, cujo objetivo é unicamente ajudar a pessoa a se ajustar à sua condição de vida.

Nos escritos de São Francisco de Assis, a imagem de Deus em nós é como a esfinge de uma moeda. Ele diz que uma moeda deixada na terra pode perder sua aparência e identificação bem rápido, por causa da sujeira e da terra aderida ao metal. Esta moeda pode durar muitos anos nessa condição, mas, no momento em que for recuperada, limpa e polida, sua imagem brilhará novamente dando a conhecer seu valor e também o ano em que foi cunhada.

Da mesma maneira, o ser humano pode aproximar-se do pecado e viver uma vida miserável, envolvido em toda sorte de condições deploráveis relacionadas à concupiscência da carne. Porém, no momento em que se encontra com Cristo e é lavado pelo sangue da aliança, sua imagem brilhará de novo. Portanto, não devemos ajudar a pessoa a se adaptar às circunstâncias do mundo, mas que ela descubra a verdade e viva por ela. É necessário ajudar a pessoa a descobrir a causa ou causas de seu sofrimento e seu estado mental miserável, não somente para eliminar os sintomas, mas também as causas e, assim, modificar os comportamentos não desejados. "Não se amoldem ao padrão deste mundo, mas transformem-se pela renovação da sua mente, para que sejam capazes de experimentar e comprovar a boa, agradável e perfeita vontade de Deus" (Rm 12.2).

Os trabalhos de pesquisa acerca dos transtornos da personalidade, segundo Sperry (2003), em seu livro *Personality Disorders* (Desordens da personalidade), enfatizam a influência do temperamento no tipo de personalidade e no transtorno. Ele propõe que o indivíduo se move entre os espaços marcados pelos extremos: por um lado, o extremo do tipo de personalidade saudável e no outro, o transtorno da personalidade. Isso confirma nossa posição relacionada às áreas fortes e fracas dos temperamentos. Especifica o tipo de família e a influência de seus membros, o desenvolvimento de um indivíduo, o apego emocional entre a criança e os pais e as influências subsequentes – por meio da infância – que capacitam o indivíduo a se relacionar na vida de adulto. Os seguintes trabalhos, acerca do modelo *self and others* (você e os outros), demonstram que o estilo de apego da infância persiste na vida de adulto: Main & Solomon (1990); Bartholomew & Horowitz (1991); Hazen & Shaver (1990).

Estes pesquisadores desenvolveram quatro categorias de apego relacionais, as quais se dão em duas dimensões: a primeira distinção entre "eu e os outros"; e a segunda, o equilíbrio positivo *versus* a avaliação negativa. Com base nessas dimensões, Bartholomew (1990) formulou quatro tipos de apego emocional: o seguro (ponto de vista positivo de si mesmo e dos outros), o preocupado (perspectiva negativa de si e dos outros), *dismissing* (concentrado em si mesmo, com ponto de vista positivo de si e negativo dos demais) e o tipo medroso/temeroso (perspectiva negativa de si mesmo e dos demais).

RESPONSABILIDADES DOS CONSELHEIROS CRISTÃOS

- Identificar as necessidades da pessoa baseando-se nos temperamentos e chegar ao diagnóstico apropriado, para trabalhar não apenas com os sintomas, mas também com as causas dos transtornos emocionais, mentais e psicológicos.
- Determinar a intensidade de tais necessidades, por meio da avaliação biopsicossocial, testes FIRO-B e outros, que contribuem para tal propósito.
- Desenvolver um plano de tratamento com o objetivo de suprir essas necessidades de uma maneira agradável ao indivíduo, para que este se comprometa a ser um participante ativo no processo e que, ao mesmo tempo, tal plano esteja de acordo com a vontade divina. Dessa maneira,

o conselheiro se converte em colaborador de Deus. Anderson, Zuehlke & Zuehlke (2000) desenvolveram um processo de tratamento cristo-cêntrico fundamentado em sete passos. Cada um deles é bem elaborado para ajudar o indivíduo em seu processo de autorrealização.

Hoje em dia se fala muito da psicologia e, nos últimos quarenta anos, seu estudo alcançou grandes proporções. Certamente, queremos saber mais sobre o pensamento e comportamento humanos; queremos e necessitamos entender melhor o misterioso e complexo sistema psíquico.

É como se o Onipotente estivesse trazendo um despertar em seu povo, para tomar a posição que lhe cabe como luz do mundo, guiar e colaborar com o necessitado em qualquer que seja a situação. Mas, para fazê-lo, devemos ter uma consciência clara do modelo de saúde embutido nos parâmetros de seus temperamentos. É assim que poderemos ajudá-lo a obter a capacidade cognitiva e de ação essenciais, que lhe permitirão fazer as mudanças internas necessárias, a fim de que seja tudo o que pode ser.

A pessoa que considera a si mesma mais insignificante possui dons, virtudes e qualidades que, ao serem desenvolvidos significativamente, ajudarão o indivíduo a mover-se do abismo da miséria emocional e social, para o topo da sociedade em que se desenvolve. É de vital importância que o conselheiro apoie o aconselhado, para que este tenha um verdadeiro encontro consigo mesmo; que possa descobrir e descrever seus dons, virtudes e qualidades, obtendo assim uma visão pessoal precisa, baseada em sua autoaceitação e percepção.

3

OS NOMES DE DEUS E OS TEMPERAMENTOS

Ao falar dos nomes de Deus, não estamos mencionando, insinuando ou nos referindo a vários deuses. Estamos falando de um que é perfeito em unidade e santidade, sem deixar de ser um, único, que se apresenta de diferentes formas e, ainda hoje, é adorado sob diferentes nomes. Antes dos tempos, este ser sublime e maravilhoso diz a si mesmo: "Dar-me-ei a conhecer aos humanos sob diversos nomes e, em cada um deles, atuarei de maneira distinta e colocarei atributos e qualidades específicas e peculiares a cada nome. Estas peculiaridades as colocarei no temperamento relacionado a cada um dos meus nomes."

Como mencionamos anteriormente, Deus era louvado em Israel sob diferentes designações, porém há cinco nomes principais nos quais focaremos nosso trabalho. Referimo-nos aos diferentes nomes desse Ser supremo, a quem chamamos Deus, o único Senhor. Do mesmo modo que o Altíssimo criou bases estruturais para se manifestar como o Deus que é vida, poder, amor, verdade etc., também criou estruturas para se manifestar sob diversas designações, sem deixar de ser único. Não se deve confundir a dinâmica multifacetária divina com o transtorno de múltipla personalidade. A dinâmica multifacetária divina é algo entendido ou aceito no pensamento cristão, tal como as três pessoas em um único ser, Deus: Pai, Filho e Espírito Santo. Vejamos, pois, o Eterno com o primeiro nome que aparece na Bíblia e sua relação com os temperamentos.

ELOHIM E O TEMPERAMENTO MELANCÓLICO/ANALÍTICO

Sob o nome *Elohim,* vemos o Criador e percebemos o Deus solitário e perfeccionista. Este é o nome mediante o qual se nos apresenta o Altíssimo no primeiro capítulo do livro de Gênesis. Ali o encontramos em cada versículo, mostrando todos os atributos, qualidades e pontos fortes do temperamento Melancólico/analítico. Antes de entrar em detalhe sobre *Elohim* e suas peculiaridades melancólicas, convém mencionar que, antes da fundação do mundo, encontramos o Criador e mantenedor de todas as coisas adotando diversos nomes, com o propósito de ressaltar diferentes atributos, virtudes e características de sua natureza. *Elohim* é o primeiro nome revelado nas Escrituras. Em Gênesis, capítulo um, vemos *Elohim* usando a virtude do conhecimento e inteligência para trabalhar em uma espécie de matéria embrionária, incipiente, envolta em obscuridade e confusão; até que tudo foi posto em ordem, conforme sua perfeita vontade e por meio de sua palavra feito tudo "muito bom".

Este é o nome que devemos conhecer antes de qualquer outro, por isso é o primeiro revelado nas Sagradas Escrituras e nos fala de alguém que – quando tudo está perdido, em escuridão e confusão – "reintroduz na criatura primeiramente sua luz e vida e depois sua imagem, tornando assim tudo novo e muito bom" (Andrew Jukes, 1988). Embora *Elohim* seja um nome plural, quando usado em referência ao único Deus verdadeiro, vai acompanhado por verbos e adjetivos no singular. *Elohim* trabalha não apenas *nas* criaturas, mas *com ela*s, iluminando os olhos do entendimento e esclarecendo assim todo o processo mental-psicológico do ser humano.

É *Elohim* quem irradia a mente do Melancólico/analítico ao colocar no humano seus atributos e qualidades. Claro que o homem Melancólico/analítico nunca poderá expressar ou manifestar os dons e qualidades no mesmo nível de *Elohim*, mas no grau da capacidade da compreensão limitada do ser humano. São estes dons e qualidades que fazem do indivíduo Melancólico/analítico um visionário, profeta, amante da verdade e com a capacidade de imaginar e criar imagens das coisas, ao mesmo tempo que as pensa. O atributo de Deus, nesse nome, é a **verdade**: que irradia em inteligência e sabedoria; que em *Elohim* opera além da compreensão humana finita. É como se *Elohim* tivesse projetado um plano de construção no nível mental, pois cada vez que colocava uma peça na obra criacionista, comparava-a com a configuração planejada em sua mente; razão por que durante o período da criação a expressão abaixo é repetida várias vezes: *"E viu Deus que era bom."*

O Senhor (Jeová) dos exércitos e o temperamento Colérico/dominante

O segundo nome de Deus revelado na Bíblia é *Senhor (Jeová)*. Este nome é encontrado nos capítulos dois e três de Gênesis. O nome em si significa: "Aquele que é o que é". A partir disso, podemos entender a revelação dada a Moisés: *"**Eu Sou o que Sou**"* (Êx 3.14). O Senhor (Jeová) é o *Santo, Santo,*

Santo, diante do qual até os querubins devem cobrir os rostos. É o Senhor (Jeová) que dá as leis e diretrizes ao homem no Éden.

É como se, sob este nome, Deus dissesse ao homem: "*Elohim* te fez perfeito para que vivas em harmonia e afinidade com o Divino, sem deixar de ser terrenal; portanto, eu te ditarei leis, as quais provarão tua fidelidade ao que é e representas, mas deves saber que eu não perdoo; no dia em que você me decepcionar, te mato". E ordenou o Senhor Deus ao homem, dizendo: "E o Senhor Deus ordenou ao homem: 'Coma livremente de qualquer árvore do jardim, mas não coma da árvore do conhecimento do bem e do mal, porque no dia em que dela comer, certamente você morrerá'" (Gn 2.16-17).

E o nome Senhor (Jeová) revela o ser verdadeiro, por isso se opõe a tudo que é falso e mau. Ele julga o mal a qualquer preço e em qualquer lugar. Tal como menciona Jukes (1988), Satanás, sabendo que o homem fora criado espiritualmente um pouco inferior a ele, mas ao mesmo tempo, com maior glória do que ele; que o homem pisaria em sua cabeça e que como adversário poderia somente lhe arranhar o calcanhar, diz para si: "Não posso destruir o ser humano, mas vou instigá-lo a desobedecer ao seu Criador e a comer do fruto proibido, para incitar o Criador a cumprir sua palavra e matar ou destruir o ser humano". Mas Satanás não imaginava que El-Shaddai **tinha um plano perfeito** para satisfazer a exigência do Senhor (Jeová) sem destruir o homem, mas mostrando-lhe seu amor e sua misericórdia.

São estes atributos do Senhor dos Exércitos que fazem do temperamento Colérico/dominante o líder por excelência, a pessoa capaz de realizar projetos que poderiam parecer impossíveis a outras pessoas. Ao mesmo tempo, eles convertem esse indivíduo em alguém com uma necessidade enorme de exercer controle e autoridade sobre a vida e os comportamentos das outras pessoas. Isto porque ela é movida pelo poder para exercer domínio e ascendência, o que a torna pouco flexível às fraquezas dos outros.

EL-SHADDAI E O TEMPERAMENTO SANGUÍNEO/EXTROVERTIDO

O terceiro nome é *El-Shaddai*, que descreve o poderio de Deus, porém, o poder da generosidade e não da violência ou agressividade. *El-Shaddai* significa principalmente o que tem peito [coração], de modo que este nome divino significa o vertedor ou derramador de bênçãos, as quais podem ser manifestas em amor. "Porque Deus tanto amou o mundo que deu o seu Filho Unigênito, para que todo o que nele crer não pereça, mas tenha a vida eterna" (Jo 3.16). "Como vertedor, podemos relacioná-lo com os seios da mãe, os quais alimentam e nutrem o bebê e ao mesmo tempo criam um laço de unidade e apego muito forte, que permite à mãe exercer um poder extraordinário sobre o filho" (Jukes, 1988). Portanto, quando o bebê precisa saborear o líquido dos seios maternos e se torna inquieto, ansioso e chora, basta que a mãe apenas mostre os seios para ele retornar à calma e tranquilidade.

Imagine um bebê engatinhando no terraço de um edifício onde há uma tábua fina com uma das extremidades apoiada no beiral e a outra se estendendo três ou quatro metros no vácuo, o bebê já alcançou mais de um metro de distância em direção ao vácuo. De repente, o pai percebe o perigo e, em seu estado de desespero, se dá conta de que a única forma de evitar que o bebê caia é que ele retorne à parte firme do terraço. Nesse momento chega a mãe e diz ao pai: "Não se preocupe! Eu sei o que fazer." Com uma voz suave e terna, chama seu bebê que, ao identificar-lhe a voz, olha para a mãe que lhe mostra os seios; este ato causa uma impressão tão poderosa na criatura inocente que a faz retornar para a mãe e, desta forma inconsciente, salvar a própria vida.

A quantos de nós já ocorreu algo semelhante quando estávamos submersos no maior perigo, quando pensávamos que não teria escapatória? De repente, *El-Shaddai* nos proveu meios milagrosos e maravilhosos, não apenas para nos salvar do perigo presente, mas para nos tomar em seus braços e nos mostrar sua proteção e amor, porque somos seus filhos. Em *El-Shaddai* a razão de nossa existência se torna evidente.

O ser humano é criado por amor, é produto do amor, mas perece por falta desta forte afeição. *El-Shaddai* derrama o dom do amor na pessoa de temperamento Sanguíneo/extrovertido. A pessoa com esse temperamento pode desenvolver os laços amáveis e perfeitos do amor e assim mostrar a presença divina no meio em que se move, ou pode desenvolver os laços negativos da sensualidade e se inserir no oceano das paixões destrutivas e desordenadas da concupiscência humana. Todos os humanos têm ou manifestam amor, porém, somente os Sanguíneo/extrovertidos o recebem como o atributo que motiva e orienta todo seu funcionamento.

ADONAI SHALOM E O TEMPERAMENTO FLEUMÁTICO/PACIENTE

O quarto nome é *Adonai*, traduzido como Senhor, mas, com significado diferente do Senhor Jeová, aquele que exercia autoridade e domínio. *Adonai* ensina a relação entre Deus e os homens, alicerçada no vínculo da paz e em um poder que está acima de todos os poderes – além do poder. Este nome também é utilizado para descrever as relações entre esposas e maridos, relacionamentos de paz para o bom funcionamento e harmonia entre eles. Quando associado a *Shalom*, o nome *Adonai* é traduzido como "o Senhor é paz". Jesus

Cristo veio para restaurar essa paz entre os filhos e o Pai celestial, porque nós, seres humanos, havíamos nos restringido a viver na dimensão limitada e finita do mundo físico; foi necessário que o Altíssimo irrompesse nessa esfera finita e restrita para viver como um de nós e nos mostrar o caminho de retorno para casa, para nosso Pai e para nossa família.

O ser humano vive em conflito consigo mesmo e, nessa luta interna, a nossa mente – que é o campo de batalha – faz com que foquemos nossa atenção nas coisas e eventos negativos que ocorrem, mesmo quando são pontuais e numericamente inferiores às experiências e eventos positivos que nos sucedem. Desse modo, damos maior importância à consciência do mal, onde se originam os impulsos internos ativados pelo maligno; forças que vêm com o propósito de roubar nossa paz, nossos sonhos, nossa saúde mental e física, nossa relação com o Pai celestial e nossas relações familiares. Isso cria uma sensação de insegurança e perda, a qual enfraquece a confiança em nós e a fé em nosso Deus. Quando aprendemos a pensar como nos convém, podemos desfrutar essa paz conosco mesmos, com o Altíssimo e com os demais, fortalecendo a fé e os talentos com os quais fomos dotados. *Adonai Shalom* premia o Fleumático/paciente com o predicado da paz, o qual orienta suas ações e atuações. Ele é, sem dúvida, o pacificador.

O SERVO DO SENHOR E O TEMPERAMENTO SUPINO/SUBMISSO

Por último, temos o servo sofredor do Senhor, tal como está descrito em Isaías 53, o qual toma o lugar do homem caído, na condição de homem. Faz-se obediente até a morte e morte de cruz, para nos libertar por meio de suas aflições e, com sua morte, nos dar vida. Deus não poderia ser mais maravilhoso, sublime e perfeito. Em *Elohim,* o encontramos como esse ser líder, visionário e criativo. Em Senhor (Jeová), o vemos como o executivo e inflexível que não perdoa as fraquezas e debilidades dos homens, mas que julga o mal e a desobediência em qualquer lugar e a qualquer preço; como o que exige aos homens darem o máximo de si, porque ele é Senhor (Jeová) dos exércitos, o qual exige que tudo seja feito do jeito que ele quer.

É sob o nome de *El-Shaddai* que vem a misericórdia e o amor. Quando Satanás estava esperando que o Senhor (Jeová) destruísse o homem, *El-Shaddai* se levanta e diz: "Eu sou o Todo-poderoso e não destruirei o homem, pois nele pus minha imagem e semelhança, porém, sim, maldirei a terra – isto é, seu corpo físico; *'porque você é pó e ao pó voltará'.*" Nesta condição, será objeto de dor e sofrimento, até que consiga reparar o domínio corporal e entrar na dimensão do espírito, ali poderá recobrar sua identidade de um ser criado com a imagem e semelhança do Ser supremo, Deus, porque eu digo: "vocês são deuses, todos vocês são filhos do Altíssimo" (Sl 82.6). É aqui que entra *Adonai Shalom*, o pacificador, para estabelecer a paz entre o Criador e suas criaturas. Nada pode falhar para um ser onisciente, que sabe de todas as coisas, pois o tempo está em suas mãos. O passado, o presente e o futuro é para ele, assim como para nós, um presente contínuo.

Enquanto militarmos nesse corpo, não poderemos desfrutar essa paz perfeita na sua totalidade, devido às limitações físicas, às dores e aos sofrimentos fisiológicos. Por último, é no **servo sofredor** que o Criador e Todo-poderoso se despoja de sua glória para entrar no contexto humano, com necessidades biológicas e sociais semelhantes às nossas. Nesta condição, destaca as virtudes da humildade, obediência e amor ao serviço, mostrando o caminho ao sublime.

De modo que, nos temperamentos, contamos com a porta situada ao lado dos pontos fortes, com seus atributos e virtudes. Ao serem desenvolvidos, estes temperamentos podem nos levar a superar os limites finitos da compreensão humana e a entrar na esfera do sublime, onde o material perde toda importância e as dores e sofrimentos não podem chegar. Movidos pela força do temperamento que é dirigida pelo Espírito de Deus, galgamos ao céu, enquanto o indivíduo movido pelas fraquezas do temperamento, dirigido pelo espírito do inimigo e o mundo vil, pode afundar no oceano desesperado da miséria e inferno.

4.

AS ÁREAS TEMPERAMENTAIS E SEUS VALORES NUMÉRICOS

O ser humano tem inúmeras necessidades, as quais se manifestam em três áreas principais, tais como descreve Schutz (1966) em seu trabalho de pesquisa que resultou no teste FIRO-B (Fundamental Interpessoal Relation Oriented-Behavior). Ele classifica estas três áreas a partir do ponto de vista da pesquisa, como inclusão, controle e afetos. São conhecidas como a parte psicológica, social e fisiológica na comunidade científica; como espírito, alma e corpo na comunidade cristã. Desse modo, as necessidades de temperamentos são diagnosticamente identificáveis e numericamente mensuráveis. São expressas numericamente com os dígitos de 0 a 9. Cada necessidade de temperamento possui duas divisões: a desejada (o que a pessoa realmente almeja) e a expressa (o que a pessoa demonstra ou exprime, o que nem sempre é o que anseia).

As pessoas tendem a exprimir suas necessidades em níveis de intensidade diversas do que realmente desejam. Cada temperamento manifesta estas necessidades em diferentes níveis e formas, conforme o atributo principal, sendo que o atributo é a energia ou a força que ativa e orienta todo o mecanismo psíquico do indivíduo. O indivíduo Melancólico/analítico é orientado pela verdade; o Colérico/dominante, pela autoridade, controle e poder; o Sanguíneo/extrovertido, pelo amor revelado nas relações pessoais; o Fleumático/paciente, pela paz manifestada na calma e paciência e o Supino/submisso, pela gentileza e o amor ao serviço.

Os indicadores **desejados** são medidos numericamente, a fim de dar a medida psicométrica ao que diagnostica e, assim, determinar a magnitude das necessidades desejadas pela pessoa, em cada uma das áreas. A divisão "desejada" indica o que o indivíduo realmente quer de si mesmo e dos outros.

Os indicadores **expressivos** são medidos numericamente, a fim de dar a medida psicométrica ao que diagnostica, determinando até onde o indivíduo mostra suas necessidades aos demais. A necessidade é exposta como comportamentos, os quais podem ser traduzidos à forma numérica; por exemplo, a maneira de vestir, a intensidade da cor da roupa, o modo de rir e a intensidade emocional no riso, a forma de expressar sua linguagem corporal etc..

Os cinco temperamentos

Como mencionei préviamente neste trabalho, nos concentramos em cinco temperamentos ao invés dos quatro tradicionais. O FIRO-B (Fundamental Interpersonal Relations Oriented Behaviors), é uma ferramenta de grande utilidade na pratica clínica, pois ajuda o clínico no processo do diagnóstico, identificando a necessidade e a severidade do caso. Este teste é composto de um questionário com várias perguntas e com tabelas numéricas que fornecem os valores psicométricos para identificar o temperamento ou os temperamentos do indivíduo. A identificação do perfil do temperamento e os indicadores numéricos são voltados ao aspecto clínico, para identificar os transtornos emocionais e sua gravidade nas relações pessoais e interpessoais, dentro das áreas de necessidades dos temperamentos.

Dos cinco temperamentos, quatro produzem compulsão, a qual se desenvolve, geralmente, nas áreas de debilidades ou fraquezas dos temperamentos. O Fleumático/paciente é o único que não desenvolve compulsão. Muitas pessoas nos perguntam se é possível ter mais de um temperamento e nossa resposta é afirmativa: sim, é possível se ter um ou dois temperamentos em cada uma das áreas descritas anteriormente.

Temperamento Melancólico/analítico

O temperamento Melancólico/analítico se move dentro de três níveis na área positiva (ou pontos fortes) e em três níveis na área negativa (ou pontos fracos). Dentro desses níveis, manifesta as necessidades desejadas e expressas. Quando o temperamento do Melancólico/analítico se move nos níveis negativos, tende a ser uma pessoa de autoimagem negativa e a se tornar compulsivo em sua forma de pensar negativa acerca de si mesmo e dos demais. Quando o Melancólico/analítico é movido pelo atributo da verdade, manifesta uma tendência perfeccionista, pois o atributo da verdade e a alta energia intelectual orientam esse tipo de pessoa à autotranscendência. Entenda-se que este termo descreve sentimentos espirituais que são independentes das tradições religiosas, tal como o menciona Hamer (2004).

A autotranscedência faz do Melancólico/analítico uma pessoa solitária, muito introvertida, idealista, imaginativa e visionária. O nível médio do lado positivo é um indicador saudável, porque reflete um grau de bem-estar intelectual, espiritual, emocional e social, ao passo que os níveis nos extremos representam os graus de frustração, depressão, ansiedade e o grau compulsivo que tem. É do lado negativo do temperamento e perfil que se desenvolvem os transtornos emocionais, psicológicos e sociais do indivíduo.

Em estudos posteriores, poderemos identificar os tipos de temperamentos e perfis que apresentam uma maior tendência a manifestar certos transtornos específicos. Os resultados desta obra constituem ferramentas poderosíssimas para os profissionais da saúde, pais e educadores, a fim de que possam ajudar crianças e jovens no desenvolvimento de habilidades que lhes permitam potencializar seus talentos e virtudes. Dessa maneira, poderão permanecer do lado e do nível saudável, tanto de seu temperamento como de sua personalidade. Portanto, o índice e impacto dos transtornos emocionais e psicológicos serão drasticamente reduzidos.

Temperamento Melancólico/analítico, em inclusão, controle e afetos

Dentro dos parâmetros psicométricos do FIRO-B, o temperamento do indivíduo Melancólico/analítico deseja e expressa suas necessidades das seguintes maneiras:

Em inclusão: Deseja, de 0 a 3, e demonstra ou expressa, de 0 a 3. Isto faz do Melancólico/analítico uma pessoa solitária e muito introvertida. Ele é o líder intelectual, idealista, criativo, imaginativo e visionário. O número 2 é o indicador saudável, já que revela o grau de bem-estar intelectual, espiritual, emocional e social, ao passo que o 3 representa o nível compulsivo do Melancólico/analítico. A linha invisível de frustração máxima está no 0. Os estudos e observações demonstraram que quanto mais se aproxima do 0, mais alto é seu nível de frustração e depressão.

Em controle: Deseja, de 0 a 3, e demonstra ou expressa, de 0 a 3. Isso indica que o individuo Melancólico/analítico almeja pouco controle sobre sua vida e comportamento e tem pouca capacidade para controlar a vida e comportamentos dos demais. O Melancólico/ analítico deseja e expressa pouca necessidade de se associar com outras pessoas. Nisso, honra seu chamado à profecia. Manifesta uma necessidade urgente de estar a sós, principalmente quando requer a submersão no oceano de seus pensamentos. Busca a sociabilização somente quando e com quem deseja.

Em afeto: Deseja, de 0 a 3, e demonstra ou expressa, de 0 a 3. Isso indica que o indivíduo Melancólico/analítico deseja e demonstra necessidade mínima de amor e afetos – tanto para dar como para receber. Este indivíduo se orienta mais às metas e trabalhos do que às relações pessoais. Tende a ser pouco sociável e, portanto, conta com poucos amigos.

Temperamento Colérico/dominante

O temperamento Colérico/dominante também se move dentro de três níveis positivos e três níveis negativos. Dentro destes graus, demonstra e manifesta suas necessidades expressas tanto em desejos para si mesmo como nas aspirações dos outros para com ele. É motivado pelo atributo principal do poder e da autoridade, sendo que o poder de exercer controle é o que ativa todo o seu mecanismo psíquico. O atributo do poder, seu alto nível de energia intelectual e uma tendência perfeccionista orientam o pensar, sentir e agir desse tipo de pessoa. Quando se move do lado negativo, tende a desenvolver transtornos emocionais, psicológicos e sociais.

O nível médio, do lado positivo, é o grau saudável do temperamento Colérico/dominante. É onde pode desenvolver seu potencial e abrir para si mesmo a porta para a transcendência e autorrealização. Esse indivíduo tende a demostrar a necessidade de se socializar com muitas pessoas, porém, na realidade deseja que poucas delas se relacionem com ele. Ele deseja e suporta pouco controle sobre sua vida e comportamentos, contudo, expressa e se orienta por uma grande necessidade de controlar e exercer autoridade e domínio sobre a vida e comportamentos dos outros. Ele é quem sabe o que a outra pessoa necessita e o que é melhor para ela. Quando são motivados a desenvolver seu potencial do lado positivo, tendem a se converter nos melhores líderes executivos, com capacidade de concretizar os sonhos e imaginações delineados pelos idealistas, visionários e criativos do temperamento Melancólico/analítico.

Temperamento Colérico/dominante, em inclusão, controle e afetos

O temperamento Colérico/dominante, dentro dos parâmetros psicométricos do FIRO-B, deseja e expressa suas necessidades das seguintes maneiras:

Em inclusão: Deseja, de 0 a 3, e demonstra ou expressa, de 6 a 9. Indica que a pessoa colérica na inclusão manifesta a necessidade de se socializar com muitas pessoas, porém, na realidade, deseja que poucas se relacionem com ela. O indivíduo Colérico/dominante em inclusão quer ou suporta pouco controle sobre sua vida e comportamentos, contudo, expressa uma grande necessidade de controlar a vida e comportamentos dos demais. Ele é quem sabe o que a outra pessoa necessita e o que é o melhor para ela. É uma pessoa orientada pela necessidade de exercer autoridade e domínio sobre vida e comportamento dos outros. Nesta área o número 7 representa o nível saudável; o 9 representa o nível de compulsão do Colérico/dominante, enquanto que o 6 representa a máxima tensão e frustração suportáveis.

Em controle: Deseja, de 0 a 3, e demonstra ou expressa, de 6 a 9. Ou seja, quer níveis numéricos inferiores aos que demonstra ou expressa. O indivíduo Colérico/dominante tolera muito pouco controle sobre sua vida e comportamentos e não gosta que lhe digam o que fazer. Ele se considera suficientemente inteligente para saber o que fazer e também o que é melhor para os outros. Por isso, gosta de controlar a vida e os comportamentos alheios. Ele é o líder executivo. Nasce para mandar, não para ser mandado.

Em afeto: Deseja de 0 a 3, e demonstra ou expressa, de 6 a 9. Nesta parte, o indivíduo Colérico/dominante se confunde numericamente com o indivíduo Sanguíneo/extrovertido, porque ambos expressam de 6 a 9. A diferença entre um e outro reside no fato de que o Sanguíneo/extrovertido requer muito amor e afeto, devido à sua necessidade de relacionamentos pessoais, ao passo que o Colérico/dominante o faz por necessidade de exercer controle e autoridade sobre a vida e comportamentos alheios. Esta necessidade o impulsiona a demonstrar um grande interesse em se socializar, quando o que realmente deseja é que pouquíssimas pessoas se aproximem dele. Nesta área, o número 6 representa o nível máximo de tensão e frustração suportáveis para o Colérico/dominante; ao passo que o 9 representa o nível de compulsão, a escala entre 7 a 8 equivale ao nível saudável no modo de sentir e de expressar a necessidade de amar e ser amado.

TEMPERAMENTO SANGUÍNEO/EXTROVERTIDO

O temperamento Sanguíneo/extrovertido também se move dentro de três níveis positivos e três níveis negativos. Dentro destes níveis, demonstra e manifesta suas necessidades tanto nos desejos que tem para si mesmo como das aspirações dos outros para com ele. O Sanguíneo/extrovertido é motivado pelo atributo principal do amor. Ele manifesta tal predicado na grande necessidade de se socializar e ter relacionamentos pessoais. É muito importante ter em mente que o comportamento de um indivíduo não é seu temperamento e perfil. O comportamento humano se apoia em três colunas principais que são: temperamento, caráter e a personalidade.

O indivíduo Sanguíneo/extrovertido tende a desenvolver transtornos emocionais, psicológicos e sociais quando se move do lado negativo, sendo que o nível médio, do lado positivo, é o ponto saudável desse tipo de temperamento e perfil. É propenso à compulsão quando se move nos extremos, tanto do lado positivo como do negativo. Visto que o amor é a energia que aciona sua estrutura psíquica, esse indivíduo tem dificuldades para dizer "não". Embora tenha a grande oportunidade da autotranscendência, sua necessidade de se socializar o leva a se preocupar mais com seu mundo exterior do que com seu universo interior. Todos os seres humanos têm e sentem amor, porém, somente os Sanguíneos/extrovertidos o têm como atributo principal. O sistema de crenças, o nível de compreensão e o significado que o atributo principal tem para o indivíduo são os fatores que determinam seu comportamento.

TEMPERAMENTO SANGUÍNEO/EXTROVERTIDO EM INCLUSÃO, CONTROLE E AFETOS

O temperamento Sanguíneo/extrovertido, dentro dos parâmetros psicométricos do FIRO-B, deseja e manifesta suas necessidade das seguintes maneiras:

Em inclusão: Deseja, de 6 a 9, e demonstra ou expressa, de 6 a 9, o que reflete o Sanguíneo/extrovertido, em inclusão, como uma pessoa muito extrovertida. Este indivíduo orienta-se pela necessidade de se associar a outras pessoas. Deseja que muitas pessoas se aproximem dele e, ao mesmo tempo, tem a necessidade de se chegar a muitas pessoas, sempre se orientando pelas relações pessoais. É ele que injeta vida nas festas.

Em controle: Deseja, de 6 a 9, e demonstra ou expressa, de 6 a 9. O indivíduo Sanguíneo/extrovertido no controle tem a tendência de desenvolver sérios problemas pessoais, porque se move constantemente de uma necessidade a outra, de estar no controle e, em seguida, para querer ser controlado por muitas pessoas. Isso faz com que se mantenha como um pêndulo de relógio, movendo-se de uma necessidade a outra. Essa pessoa demonstra uma dificuldade na sua personalidade levando-a a se manifestar como independente e dependente. Independente quando está controlando a vida, o comportamento dos outros e quando sente a necessidade de procurar os demais e dependente quando sente a necessidade de que as outras pessoas o procurem. Felizmente, estima-se que somente 2% da população corresponda a este temperamento em controle, a maioria formada por homens.

Em afeto: Deseja, de 6 a 9, e demonstra ou expressa de 6 a 9. Indica que o indivíduo Sanguíneo/extrovertido tem uma grande necessidade de dar e receber amor e afeto. Apresenta uma forte necessidade de ter vínculos com muitas pessoas, mesmo que sejam relações superficiais. Os indivíduos com este temperamento não podem manter relações profundas. Mudam de amizades e parceiros com muita facilidade.

A linha invisível 6 é a da máxima frustração, depressão e ansiedade que o Sanguíneo/extrovertido pode suportar, enquanto a linha imaginária 9 representa seu nível de compulsão e a 7 a 8 é seu nível saudável.

No temperamento Sanguíneo/extrovertido desenvolvemos caracteristicas nas três áreas, onde em inclusão, existe o máximo bem-estar intelectual e espiritual: para controle, onde há o maior valor de bem-estar social e emocional e em afeto, onde há o maior grau de bem-estar afetivo de amar e ser amado.

TEMPERAMENTO FLEUMÁTICO/PACIENTE

O temperamento Fleumático/paciente se move dentro de dois níveis na área positiva, ou dos pontos fortes, e dois níveis na área negativa, ou dos pontos fracos. Como podem notar, os outros temperamentos desejam e expressam suas necessidades entre três níveis, ao passo que o Fleumático é o único que o faz em dois níveis, mostrando pouca flexibilidade emocional e social. Dentro dos níveis mencionados, demonstra as necessidades desejadas e expressadas. Quando o Fleumático/paciente se move nos níveis negativos, desenvolve uma autoimagem negativa e muita insegurança na maneira de pensar sobre si mesmo e os outros. Nesse lado negativo, as pessoas com tal temperamento geram transtornos emocionais, psicológicos e sociais.

O indivíduo Fleumático/paciente tem como atributo principal a paz, já que esta é a energia que aciona seu mecanismo psíquico. O nível médio, do lado positivo, é o ponto saudável nesse tipo de pessoa, o nível cinco. Esse é seu ponto de maior oportunidade para abrir a porta da autotranscendência e superar muitas fraquezas e debilidades, difíceis de serem vencidas de outra maneira. Diferentemente dos outros temperamentos e perfis, o Fleumático/paciente não demonstra tendência compulsiva. Esse é o tipo de pessoa com calma e paz.

TEMPERAMENTO FLEUMÁTICO/PACIENTE, EM INCLUSÃO, CONTROLE E AFETOS

O temperamento Fleumático/paciente, dentro dos parâmetros psicométricos do FIRO-B, deseja e demonstra suas necessidades das seguintes maneiras:

Em inclusão: Deseja, de 4 a 5, e demonstra ou expressa, de 4 a 5. Demonstra que é um indivíduo Fleumático/paciente com pouca força emocional e sentimental. É introvertido, embora, para ele, tanto faz atuar como introvertido ou extrovertido, podendo assumir qualquer uma das posições. É orientado a metas e propósitos, não a relacionamentos pessoais, mas, quando é motivado por sua vocação, pode agir como alguém extrovertido e se socializar, chegando a ser um bom líder de grupos moderados.

Em controle: Deseja, de 4 a 5, e demonstra ou expressa, de 4 a 5. Indica que o indivíduo Fleumático/paciente pode exercer um controle moderado sobre a vida e comportamentos dos outros. Ele manterá controle sobre sua vida e comportamentos, também de uma forma moderada, o que o capacita a ser o líder moderado que dificilmente se sobrecarrega com os problemas dos outros.

Em afeto: Deseja, de 4 a 5, e demonstra ou expressa, de 4 a 5. Demonstra que o indivíduo Fleumático/paciente, em afetos, está em condições de dar e receber amor e afetos de maneira moderada. Seu nível saudável se localiza entre os indicadores 4 a 5, onde 5 representa o seu máximo bem-estar intelectual/espiritual, em inclusão, o maior nível emocional e social no controle e o mais alto grau de bem-estar afetivo, em dar e receber amor e afetos.

TEMPERAMENTO SUPINO-SUBMISSO

Cada temperamento possui talentos, virtudes, qualidades e tendências que o torna muito especial e único para responder de forma efetiva ao seu chamado ministerial, dons espirituais e liderança que representa. Os atributos desse temperamento se equiparam ao Senhor Jesus no cumprimento de sua missão porque "ele foi oprimido e afligido, contudo não abriu a sua boca; como um cordeiro foi levado para o matadouro, e como uma ovelha que diante de seus tosquiadores fica calada, ele não abriu a sua boca" (Is 53.7), "porque veio não para fazer sua própria vontade, mas daquele que o enviou" (Jo 6.38). Ó profundidade da sabedoria de Deus, que neste temperamento exalta a obediência e o amor ao serviço!

Quando a pessoa de temperamento Supino-submisso desenvolve seu caráter do lado dos pontos fortes do temperamento, abre caminho para se converter em um homem ou mulher de virtude. É a virtude da obediência que exalta e leva Rute, uma moabita, a ser reconhecida como uma mulher virtuosa em Israel. Cada temperamento desenvolve um caráter peculiar, sendo que o do Supino/submisso é um caráter obediente, submisso, serviçal, gentil e leal.

TEMPERAMENTO SUPINO/SUBMISSO, EM INCLUSÃO, CONTROLE E AFETOS

O temperamento Supino/submisso, dentro dos parâmetros psicométricos do FIRO-B, deseja e expressa suas necessidades das seguintes maneiras:

Em inclusão: Deseja, de 6 a 9, e demonstra ou expressa, de 0 a 3. Indica que o indivíduo Supino/submisso é muito introvertido. Demonstra ser introvertido, porém reage como extrovertido. Isso significa que ele demonstra pouquíssima necessidade de se socializar, mas, na realidade, tem uma grande necessidade de se relacionar com os outros. Quando as pessoas se aproximam do Supino/submisso, ele reage positivamente. Tem pouca habilidade para expressar seus sentimentos e comunicar seus desejos. Toma uma posição contrária à do Colérico/dominante, que deseja muito pouco e demonstra muito. Neste caso, se deseja muito e se demonstra pouco.

Em controle: Deseja, de 6 a 9, e demonstra ou expressa, de 0 a 3. É um indivíduo Supino/submisso que possui uma grande necessidade de ser controlado pelos demais, porém tem pouquíssima capacidade de controlar a vida e comportamento dos outros. Precisa contar com a ajuda de alguém que compartilhe com ele a responsabilidade das decisões a tomar. Tem dificuldade de impor sua vontade, por medo de ser rechaçado e, assim, ficar sozinho.

Em afeto: Deseja, de 6 a 9, e demonstra ou expressa, de 0 a 3. Tem uma grande necessidade de dar e receber amor e afetos, mas demonstra ter pouquíssima vontade de fazê-lo. Essa pessoa, quando solicitada ao amor e afetos, reage positivamente, mesmo quando aparenta não necessitar deles.

No temperamento Supino/submisso, o 6 representa o nível máximo de tensão e frustração suportável. O 9 representa o nível de compulsão, enquanto o 7 a 8 refere-se ao nível desejado de bem-estar intelectual e espiritual na inclusão, mais alto grau de bem-estar emocional e social no controle, e ápice do bem-estar afetivo, a necessidade de dar e receber amor. Este, assim como cada um dos outros temperamentos, tem a necessidade de liberdade espiritual para voar livre sobre as aflições e problemas desse mundo.

Perfil da Análise Temperamental
Folha das Dinâmicas da Relação Interpessoal/Pessoal

		0	1	2	3	4	5	6	7	8	9
	9										
D	8	SU	PI	NA		F	S	A N G U Í N E O			
E	7					L					
S	6					E					
E	5					U					
J						M					
A	4	F	L	E	U	M	Á	T	I	C	O
D	3					T					
A	2	MELANCÓLICO				I		CO	LÉ	RI	CO
	1					C					
	0					O					

Temperamento introvertido

A pessoa introvertida é a que interioriza seus sentimentos. O introvertido e o extrovertido têm mecanismos opostos de interação social. No introvertido, o processo se move de fora para dentro – internalização e, no extrovertido, se move de dentro para fora – exteriorização. O extrovertido pensa à medida que fala, enquanto o introvertido raciocina muito antes de falar. O que internaliza tende, muitas vezes, a desenvolver problemas de confiança em si mesmo e nos demais. Pode ser mal interpretado em certas ocasiões, já que lhe será difícil comunicar o que sente. A pessoa introvertida parece que ao ver, não enxerga, e ao ouvir, não ouve. Ela é pouco expressiva. É alguém que, nas reuniões, espera o momento perfeito para dizer as coisas corretas, mas esse momento não chega, porque sempre alguém interrompe ou faz pergunta. O introvertido sai da reunião sem dizer nada.

Como já mencionei, a orientação social se localiza na área de inclusão e é determinada pelo temperamento. Por ser de natureza genética, o temperamento dá origem a indivíduos com o mesmo tipo de orientação social, mas que a demonstram em níveis diversos. Essa diferença é produzida de acordo com a influência que as características de outros temperamentos têm na ativação psíquica do indivíduo. Nosso Criador é maravilhoso, porque necessitamos dos introvertidos para pensar, analisar e realizar sonhos e objetivos, mas com um pouco de extroversão para comunicar o que queremos e sentimos.

Estudando o perfil dos personagens bíblicos, percebemos que, no princípio, tinham um único temperamento nas três áreas, quer dizer, um temperamento puro, como nos casos de Abraão, Isaque, Jacó, Moisés e outros. Em Abraão encontramos um temperamento Melancólico/analítico puro, que por se apegar ao que crê, chega a ser chamado de pai da fé. Um homem apegado à verdade, ao que havia crido e a quem havia crido.

Em Isaque vemos uma réplica de seu pai, embora em proporções inferiores. Temos em Jacó um temperamento Sanguíneo/extrovertido, suplantador e desorganizado, pois não somente enganou o irmão, mas também o próprio pai. Moisés, por sua vez, era de um temperamento Melancólico/analítico que fugia dos problemas em vez de confrontá-los, até que, assim como Jacó, teve um encontro com Deus que mudou sua vida. No caso de Moisés, passou de fugitivo a líder e, no caso de Jacó, até o nome lhe foi mudado para Israel. Referindo-me a Davi, vemos um homem de temperamento composto: Melancólico/analítico e Sanguíneo/extrovertido. As qualidades e atributos do Melancólico/analítico fizeram dele um grande poeta e salmista. Estes atributos, combinados com os do Sanguíneo/extrovertido, fizeram dele o grande líder de Israel, o grande rei Davi. O temperamento Sanguíneo/extrovertido fez dele, em sua área afetiva, um homem pouco organizado nas relações pessoais e familiares. É necessário notar que a pessoa introvertida se torna mais expressiva e comunicativa à medida que melhora sua autoestima e autopercepção, sendo esses aspectos que a levam a se sentir mais segura de si e do que faz.

TEMPERAMENTO EXTROVERTIDO

O indivíduo extrovertido é muito expressivo. Está mais interessado no que acontece ao seu redor, do que em seu estado mental ou em seu **eu**. Trata-se de duas orientações sociais muito acentuadas na vida humana, pois, desde a infância, começam a se manifestar os traços de uma tendência ou de outra.

Por exemplo, há bebês que são muito calmos e que dormem muito. Às vezes, as mães precisam acordá-los para lhes dar de comer, no entanto, outros são inquietos e não dormem o suficiente. Ao atingirem a idade entre dois e três anos, vemos crianças de fácil interação social e outras com dificuldade de se integrar aos grupos.

Observemos quando os pais levam seus filhos aos lugares de brincadeiras infantis, os playgrounds ou áreas de recreação. Algumas crianças deixam os pais e correm rapidamente em direção aos brinquedos, demonstrando seus traços extrovertidos ao falarem com outras crianças e fazerem amizades. Contudo, outras caminham com certa timidez e insegurança, se tornando mais espectadoras daqueles que desfrutam das brincadeiras do que propriamente participantes.

Seria muito interessante realizar estudos científicos, para descobrir a incidência de transtornos mentais e psicológicos tanto nos extrovertidos como nos introvertidos, a fim de descobrir qual desses dois tipos é mais propenso a desenvolver tais transtornos e, além disso, analisar a tendência de envolvimento em abuso de drogas e álcool. Estes resultados poderiam ser usados como base para criação de programas de educação para os pais – que não apenas melhorem as relações entre pais e filhos, mas que ajudem os filhos a reconhecer suas próprias fraquezas e que lhes permitam estabelecer os próprios mecanismos de proteção.

5

TEMPERAMENTO MELANCÓLICO/ ANALÍTICO, COM SEUS ATRIBUTOS, VIRTUDES, QUALIDADES E TENDÊNCIAS

Algumas pessoas que avaliam a condição de humor dos indivíduos Melancólicos/analíticos os consideram de pouca importância devido à sua constante mudança de humor. Porém, quando o indivíduo dirigido por este temperamento se une com a pessoa correta, alguem que a possa entender, acaba sendo muito cobiçado. Algumas pessoas percebem que é muito mais desejável casar com um indivíduo Melancólico/analítico do que com um Sanguíneo/extrovertido, que não para em casa. Por exemplo, se um Sanguíneo/ extrovertido prepara o jantar, o faz com o propósito de sair de casa e ir compartilhar socialmente, porque tende a perceber as tarefas do lar como obrigações que devem ser feitas, para poder sair e ir ao seu mundo de socialização. Por outro lado, o Melancólico/analítico será tão familiar e carinhoso com os seus, quanto os níveis de seus indicadores afetivos – claro que sempre dentro de suas limitações. Uma pessoa melancólica pode ser muito voltada à família na medida em que seus indicadores afetivos forem altos, caso contrário, pode ficar em casa, mas compartilhando muito pouco com os demais.

Os indivíduos com este temperamento Melancólico/analítico tendem a ser pouco comunicativos e gostam de passar períodos de solidão. Eles podem chegar em casa após o trabalho, guardar a mochila, ligar a televisão ou, simplesmente, se fechar no quarto e submergir em seu mundo introvertido. É claro que isso tudo depende de como está seu estado emocional e os indicadores afetivos. A pessoa melancólica abre-se mais às relações familiares se seus indicadores afetivos estiverem altos; por outro lado, quando estiverem baixos, ela entrará cada vez mais no oceano solitário de seu mundo psíquico. Seu estado de humor se move como uma espiral: quando se envolve em pensamentos positivos, a espiral sobe e melhora o estado de humor, tornando-se positivo e entusiasta. Porém, se fica rodeado de pensamentos negativos, então a espiral dirige-se para baixo, conduzindo o Melancólico/analítico a um estado de desânimo e desinteresse.

Em *Elohim*, vemos um Deus solitário, altamente inteligente, com a capacidade de criar imagens em sua mente, na medida em que vai pensando. É assim que cria os planos completos e magistrais da criação, já que a perfeição é uma das características deste temperamento. *Elohim* utiliza suas grandes qualidades como Melancólico/analítico, tais como a inteligência e o perfeccionismo, para trabalhar com uma matéria primogênita, envolta em escuridão e confusão. Põe tudo em ordem, de acordo com sua vontade, tornando o confuso e obscuro em algo "muito bom" e fazendo cumprir sua Palavra que diz: "o Deus que dá vida aos mortos e chama à existência coisas que não existem, como se existissem" (Rm 4.17).

De modo que quando *Elohim* diz: "Haja luz", e houve luz (Gn 1.3), não está fazendo uso de nenhum poder mágico, mas trazendo à existência visível o que já existia nos planos arquitetônicos delineados em sua mente. Como todo indivíduo Melancólico/analítico, é perfeccionista: observou a luz para garantir que correspondia ao modelo de sua configuração mental, pelo que diz: "Deus viu que a luz era boa, e separou a luz das trevas" (Gn 1.4). No primeiro capítulo do Livro Sagrado vemos *Elohim* observando e ratificando repetidamente seus planos arquitetônicos perfeitos.

Como Melancólico/analítico, ele traça a planta e, cada vez que coloca uma coluna na construção do edifício da criação, verifica as dimensões e posição para assegurar que cada peça está sendo montada perfeitamente, já que não tolera o mínimo desvio ou defeito. Essa tendência constitui um fator de grande tensão na pessoa melancólica, na medida em que tem de lidar com as próprias debilidades e com as fraquezas dos outros.

Temperamento Melancólico/analítico, em inclusão

Ao estudar os atributos, virtudes, qualidades e tendências dos temperamentos, é necessário considerar que poucas pessoas são de temperamentos puros, razão por que encontramos pessoas com diferentes temperamentos. Ou seja, uma pessoa pode ter um ou dois temperamentos em cada uma das áreas de necessidades. Atendemos muitas pessoas com dois temperamentos introvertidos na área da inclusão, como é o caso de uma pessoa com os temperamentos Fleumático/paciente e Melancólico/analítico nessa área. Elas os manifestam da seguinte maneira: desejam como Melancólico/analíticos, por exemplo, mas se expressam como Fleumático/pacientes e vice-versa.

TEMPERAMENTO MELANCÓLICO/ANALÍTICO, COM SEUS DONS, VIRTUDES, QUALIDADES E TENDÊNCIAS

1. O indivíduo de temperamento Melancólico/analítico, na inclusão, tende a ser uma pessoa compulsivamente introvertida (solitária). Tem a tendência a ser muito reservado e sério. Sua perspectiva de ver a vida com seriedade se torna ainda mais forte com o novo nascimento, por seu perfeccionismo e amor à verdade. Esse indivíduo precisa de tempo de solidão e de quietude para pensar, sonhar e se fortalecer mentalmente.

Tende a criar um estado de solidão mental, pois pode estar rodeado de diversas pessoas. Mas, ao entrar em seu mundo interior, psíquico, se sente sozinho e, muitas vezes, não vê sentido nas atividades sociais. Apresentam dificuldades para verbalizar seus sentimentos, o que os leva a se sentirem inseguros e com certo sentido de inferioridade. Isso, por sua vez, os leva a interiorizar mais os sentimentos por medo de dizer bobagens, ser criticados e rechaçados.

O indivíduo Melancólico/analítico se sente mais confortável em grupos pequenos do que em grupos grandes. Tem a tendência de ser pouco sociável e é muito seletivo com suas amizades. Sente-se melhor quando se lhe permite andar no próprio ritmo. Durante a juventude, tende a ser o "garoto caseiro", aquele que muitas vezes desenvolve certos apegos preferenciais com a mãe. As crianças com esse temperamento necessitam crescer em lares onde lhes sejam oferecidas segurança e confiança; precisam de pais que estejam atentos a elas, porque, muitas vezes, querem comunicar algo, mas não sabem como verbalizar seus sentimentos interiores.

Quando não recebem a ajuda dos pais para expressar o que sentem sem medo de serem criticadas ou ridicularizadas, tornam-se propensas a criar um elevado sentido de inferioridade, insegurança e medo. Tais características podem ser percebidas pelos pais, pois quando os filhos têm a oportunidade de socializar e compartilhar com outros, tendem a se isolar, ser observadores e pouco participantes das atividades sociais. Essa condição aumenta na adolescência, conduzindo muitos Melancólico/analíticos ao desenvolvimento de transtornos de humor e conduta.

2. O Melancólico/analítico é uma pessoa mais orientada a metas e propósitos do que a relações pessoais, razão por que se sente melhor realizando algum trabalho do que participando em atividades sociais. Tem a tendência de se aproximar da vida passo a passo, conforme vai atingindo metas, porém sempre com o resultado final em mente. Em geral, é idealista e prefere as relações indiretas às diretas, porque, muitas vezes, se sente melhor falando pela internet do que olho no olho. Na área profissional, prefere se envolver mais em trabalhos onde possa refletir suas ideias inovadoras – arquitetura, desenho, pintura, poesia e música – do que em trabalhos de interação direta com o público.

3. O indivíduo Melancólico/analítico tende a ser automotivado. Não tem motivação por causa de promessas de remunerações e nem por ameaças de castigo. A melhor forma de se aproximar dele é intelectualmente. Prefere se sacrificar a ter de se humilhar. Quando é pequeno, prefere ir para a cama sem jantar a ter de comer algo que não gosta. E, sendo muito sensível e emocional, tende a se ofender quando falam com ele de maneira descortês. Quando é ameaçado com um castigo por não fazer certas coisas, prefere ser castigado a ter de se dobrar.

O senso de insegurança e baixa autoestima motiva o Melancólico/analítico, na inclusão, a sempre buscar mensagens negativas no ambiente, as quais interpreta como sinal de repúdio à sua pessoa e, por isso, costuma se deprimir quando está imerso nesses pensamentos negativos. Cria, com frequência, padrões de pensamentos negativos e irracionais, os quais o levam a ter um grande sentimento de culpa e, consequentemente, uma tendência muito alta de julgar a si mesmo.

4. O Melancólico/analítico tende a possuir muita energia intelectual. Esta é uma das qualidades desse temperamento. Torna-a muito inteligente, no entanto, precisa melhorar a conjugação entre seu intelecto e a sabedoria, pois a inteligência sem a sabedoria se transforma em um foco de tensão interna que intensifica sua frustração e ansiedade. Isso quer dizer que, muitas vezes, a inteligência lhe inspira ideias brilhantes, mas a falta de sabedoria não lhe provê os mecanismos para que possa realizá-las. Esta situação o leva a um estado de frustração em que ele mesmo diz: "Sei que posso fazer melhor, mas não sei o que acontece comigo." O que acontece simplesmente é que lhe falta sabedoria.

É a única pessoa com a virtude de pensar e criar as imagens enquanto pensa, qualidade que o induz a ser o grande visionário que é, com dotes especiais que o transformam em um pensador muito bom, analítico e criativo. É um indivíduo que desenvolve altas tendências perfeccionistas. As qualidades e dotes especiais desse temperamento levam o indivíduo a traçar um padrão de vida muito alto, tanto para si como para os que convivem com ele. Tende a confundir percepções reais com impressões imaginárias, confusão que frequentemente o leva a estabelecer expectativas fora da realidade.

5. O indivíduo Melancólico/analítico, na inclusão, tende a lançar mão de sua energia intelectual e de sua capacidade de visualizar o que pensa, para fortalecer a fé nos níveis mais altos, razão por que é dotado do dom ministerial profético.

Mas lembre-se de que a consciência negativa é ativada pelo inimigo. E, por ser assim, o Melancólico/analítico precisa obter uma relação pessoal e íntima com seu Criador. Necessita estabelecer mecanismos fisiológicos que lhe permitam ativar o conteúdo em sua memória, localizado do lado dos pontos fortes, para aquilo que é bom para ele. Ao não fazer isto, pode desenvolver transtornos perceptivos na área espiritual e facilmente colocar o "adversário" no lugar de *Elohim*.

6. O atributo principal do Melancólico/analítico é a verdade. A pessoa com esse temperamento tende a reagir com ira e raiva quando mentem para ela, já que interpreta a mentira como um insulto à sua inteligência. O alto grau de energia intelectual e a tendência perfeccionista do Melancólico/analítico o impulsionam a desenvolver um sério temor ao fracasso econômico, conduzindo-o a excessivas preocupações com a segurança financeira. Este é um fator que contribui para seu estado de frustração, depressão e ansiedade.

7. O indivíduo Melancólico/analítico, na inclusão, tende a ser uma pessoa que muda de humor com grande facilidade, porque seu estado de ânimo é movido pelo processo mental no qual está envolto. Se estiver pensando em algo muito bom e positivo, seu humor o leva a sentir-se seguro e ser proativo. Se seu pensamento for negativo, se torna facilmente irritado e deprimido.

É comum ver esse comportamento imprevisível em um casal em que um dos cônjuges tem esse tipo de temperamento. É possível estar em um momento agradável de paz e tranquilidade e, de repente, o cônjuge não Melancólico/analítico ter de sair de casa, quem sabe ir buscar algo no supermercado, e eles se despedem com abraços e beijos à porta. Porém, nesse curto intervalo entre ir e vir, o cônjuge Melancólico/analítico se envolveu em um pensamento negativo acerca do outro e, quando seu parceiro regressa, vem abraçá-lo e beijá-lo, depara-se com uma atitude e com palavras de repúdio, como "Não toque em mim" ou "Deixe-me em paz".

Em muitas ocasiões demonstra que deseja ficar sozinho ou que seu cônjuge não se aproxime, porém, na realidade, quer ser procurado. Quando não recebe o que deseja de fato, a pessoa melancólica dá espaço a diversos pensamentos negativos, tais como "Ele(a) já não gosta mais de mim" e "Não sou mais importante para ele(a)". Isso ocorre porque, internamente, o Melancólico/analítico deseja ser procurado, ainda que expresse o contrário.

8. A tendência perfeccionista, a insegurança e temor do fracasso levam o Melancólico/analítico, na inclusão, a ter dificuldades para tomar uma decisão rápida, pois ele busca visualizar todo o projeto antes de tomá-la. Em situações familiares, tende a criar uma cena de ciúmes ou algo parecido que, em seu modo de ver, justificaria um confronto verbal. Faz isso para evitar tomar a de-

cisão quando não está seguro sobre o que deve fazer e ao sentir-se pressionado a tomá-la. Também apela a um modo de evitar o tema.

9. O indivíduo Melancólico/analítico, na inclusão, consegue usar sua energia intelectual e qualidade visionária para visualizar o futuro e torná-lo um fato, tal como fez o profeta Elias. Em sua mente, o profeta delineava os céus nublados e uma grande chuva caindo, mas fazia três anos e meio que não chovia e aquele era um dia totalmente ensolarado. "Então Acabe foi comer e beber, mas Elias subiu até o alto do Carmelo, dobrou-se até o chão e pôs o rosto entre os joelhos. 'Vá e olhe na direção do mar', disse ao seu servo. E ele foi e olhou. 'Não há nada lá', disse ele. Sete vezes Elias mandou: 'Volte para ver'. Na sétima vez o servo disse: 'Uma nuvem tão pequena quanto a mão de um homem está se levantando do mar'. Então Elias disse: 'Vá dizer a Acabe: Prepare o seu carro e desça, antes que a chuva o impeça'. Enquanto isso, nuvens escuras apareceram no céu, começou a ventar e começou a chover forte, e Acabe partiu de carro para Jezreel." (1Rs 18.42-45).

É muito importante notar que, durante o evento mencionado, o profeta manteve controle absoluto da situação, o que lhe permitia se mover seguro conforme o que delineava em sua mente. Uma vez que visualiza algo em sua mente, o Melancólico/analítico se torna muito persistente, até obter o que delineou. O perigo disso é que, da mesma maneira que pode usar para o bem, pode usar para o mal, caso não desenvolva essa relação pessoal e íntima com o Criador, conforme já mencionado.

TEMPERAMENTO MELANCÓLICO/ANALÍTICO, EM CONTROLE

1. O indivíduo Melancólico/analítico, no controle, é uma pessoa compulsivamente independente e automotivada. Não gosta que lhe digam o que tem de fazer. Quando alguém tenta corrigir o Melancólico/analítico, no controle, este sente como se uma voz interna lhe dissesse: "Quem essa pessoa acha que é para me dizer o que fazer?".

Alguns pesquisadores, nas ciências da psiquiatria e psicologia, enfatizam que o déficit relacional na infância leva ao desenvolvimento de déficit neurológico no cérebro, bem como de déficit psicológico. De modo que, os atributos e qualidades inclusos no temperamento, podem ser usados para o bem ou para o mal, dependendo da fonte que os inspire. O Senhor, que se revela como *o caminho, a verdade e a vida*, nos adverte sobre duas fontes geradoras de estímulos internos. Ele mostra que estes estímulos são orientados a satisfazer as intenções das fontes que os geram, não as do indivíduo que as processam. "O ladrão vem apenas para furtar, matar e destruir; eu vim para que tenham vida, e a tenham plenamente" (Jo 10.10).

Dean Hamer (2004) propõe que a espiritualidade é uma atividade pessoal muito intensa, envolve sentimentos, pensamentos e revelações privadas. Apesar de todos os trabalhos de pesquisa e sucessos alcançados no estudo dos temperamentos, ainda há muito caminho a percorrer na busca de estratégias que contribuam, de forma mais efetiva, à estruturação da identidade individual, no contexto da unidade social. Isso tudo com o objetivo de desenvolver planos de treinamentos para pais, que os capacitem a ser mais eficazes em ajudar os filhos a descobrir e dar forma à identidade e também na estruturação do caráter, porque está escrito: "Por isso mesmo, empenhem-se para acrescentar à sua fé a virtude; à virtude o conhecimento; ao conhecimento o domínio próprio; ao domínio próprio a perseverança; à perseverança a piedade; à piedade a fraternidade; e à fraternidade o amor" (2Pedro 1.5-7).

Há uma grande necessidade de projetar a imagem da pessoa que se deseja ser, com seus atributos e virtudes, para que, com esforço, se possam adicionar as qualidades desejadas às que já se possuem. Isso se consegue com um plano bem estruturado e intencionado, onde o indivíduo possa avaliar seu progresso no tempo indicado, com a revisão de metas e objetivos.

2. O indivíduo Melancólico/analítico expressa controle e autoridade sobre as vidas e comportamentos de poucos, ou seja, das pessoas mais próximas a ele, mas tal domínio é total devido à desconfiança e o medo do fracasso. Esta insegurança faz com que se torne um indivíduo obsessivo e, muitas vezes, a reagir emocionalmente como uma criança que deseja algo sem medir as consequências. É o tipo de indivíduo que, quando deseja falar com um ente querido e este não atende ao telefonema, é capaz de lhe fazer uma série de ligações telefônicas em um espaço de tempo relativamente curto.

Contudo, não gosta de ser controlado por outras pessoas, razão por que, frequentemente, mesmo nas relações matrimoniais, costuma sair de casa sem dizer aonde vai e o que vai fazer. Mas este indivíduo tende a ser zeloso devido à própria insegurança e desconfiança. Seu grau de inteligência, amor à verdade e perfeccionismo o levam a criar um abismo entre o objetivo planejado – que geralmente é muito alto – e a disposição para atingi-lo, levando-o a duvidar das próprias virtudes e dos resultados de suas ações. Também é difícil para ele confiar nos demais, por conta do tipo de afeto que desenvolve com os outros.

3. Tende a ser uma pessoa obstinada. Quando houver formulado algo em sua mente e tomado a decisão, é difícil mudar de ideia, porque, antes de decidir, pensou nas coisas muitas vezes. Se alguém próximo tenta convencê-lo para que desista do que decidiu fazer, tende a reagir com dureza e pouca cortesia, dizendo frases como: "Eu não digo a você o que fazer, portanto, não me

diga o que me convém." Ele gosta de pensar pelos outros e demonstra isso ao afirmar que sabe o que o outro deseja, embora o indivíduo não lhe tenha dito nada. Este hábito cria um grande desconforto nas relações familiares devido ao fato de que, muitas vezes, o Melancólico/analítico observa, analisa e interpreta o comportamento dos demais baseado em seu comportamento pessoal.

Sendo assim, é fácil ver o indivíduo deste temperamento fazendo comentários semelhantes, como por exemplo: "Você faz ou se comporta dessa maneira porque quer tal coisa". Mas, que ninguém faça isso com o Melancólico/analítico, já que ele o interpreta como uma forma de controle. Tende a tomar decisões e a assumir responsabilidades com certa facilidade, quando se desenvolve em áreas bem conhecidas por ele, especialmente quando o faz em campos que lhe permitam atuar intelectualmente.

4. Este indivíduo tende a exigir de si mesmo e dos outros ordem, verdade, responsabilidade e independência. Lembre-se de que ele é muito perfeccionista, tem a necessidade compulsiva de aparentar competência e estar no controle das circunstâncias. Inclina-se a se preocupar muito com o que os outros podem dizer e pensar dele, pois tende a se autovalorizar conforme a aceitação que os demais demonstram para ele. Seu nível de atividade física é regulado por seu estado emocional. Se estiver envolto em pensamentos positivos, pode ser inspirado a desenvolver muitas atividades e a trabalhar longas horas. No entanto, encontrando-se em estado de desânimo por causa de seus pensamentos negativos, cai na negligência até com a própria higiene, o que é deprimente em um Melancólico/analítico.

Esta pessoa não gosta de ser confrontada ou que lhe chamem a atenção por seus erros. Se isso acontecer, tende a reagir com fúria. Muitas vezes reage com raiva às críticas e ataques dos demais, podendo aliviar sua ira e irritação lançando objetos. Gosta que reconheçam seus méritos. Devido ao seu temperamento, precisa de estabilidade social, porém, inconscientemente, fomenta a instabilidade ao preferir fugir dos problemas ao invés de enfrentá-los. Tal ação afeta seu estado mental.

5. Tende a ser alguém automotivado e de abordagem intelectual. Não aceita recomendações até que prove sua veracidade ou o alto nível intelectual do informante. Quando lhe são apresentadas situações em que precisa ser avaliado, o Melancólico/analítico tende a analisar o examinador para determinar sua competência e credenciais antes de cooperar com o processo avaliativo. A melhor forma de ajudar o indivíduo deste temperamento não é lhe dando diretrizes, mas levando-o a repensar e a fazer com que ele mesmo chegue à conclusão do problema.

TEMPERAMENTO MELANCÓLICO/ANALÍTICO, COM SEUS DONS, VIRTUDES, QUALIDADES E TENDÊNCIAS

O melhor exemplo para ilustrar este caso é aquele em que o humilde profeta Natã repreende o grande rei Davi. Ao fazê-lo dessa forma intelectual, Davi entra em sua área cognitiva e consciente e confessa abertamente seu pecado. "Então Davi disse a Natã: 'Pequei contra o Senhor!' E Natã respondeu: 'O Senhor perdoou o seu pecado. Você não morrerá'" (2Sm 12.13). A história de Natã teria sido outra se tivesse confrontado a Davi com crítica e repreensão direta pelo pecado.

6. O Melancólico/analítico no controle teme trabalhar em grupos, pela confiança na capacidade, responsabilidade da parte dos demais e o forte medo do fracasso. Geralmente não é um bom trabalhador em equipe. Tende a esquivar-se de se comprometer, porém, quando assume um compromisso, ele o cumpre, ainda que resulte em prejuízo próprio. Quando lhe é atribuído uma tarefa em grupo na escola, prefere fazê-lo sozinho, ainda que isto signifique longas horas de trabalho e tenha que dividir a glória do sucesso com os demais membros da equipe.

Lembre-se de que o Melancólico/analítico nasceu para ser profeta. Encontramos o modelo profético da antiguidade em Elias e, no Novo Testamento, em João Batista, dois ermitãos. No caso de Elias, ele se regozijava na solidão no monte Carmelo, onde realizou grandes façanhas, demostrando a intervenção divina na realização de milagres e prodígios, como fazer cair fogo do céu e consumir o holocausto. Mediante sua fé e virtude, fez chover em um dia ensolarado, depois de três anos e meio de seca. No caso de João Batista, refugiava-se no deserto, onde formulava suas grandes mensagens. Os dois têm muitas coisas em comum, pois até a forma e estilo de vida eram muito peculiares, assim como a maneira de vestir e até de se alimentar. Os dois marcaram a história do pensamento cristão, deixando traços indeléveis e exemplos que nos desafiam a entrar e permanecer em nossa dimensão espiritual, para viver neste mundo não sendo influenciado por ele, mas transformando-o.

7. Os atributos da inteligência e da verdade, acompanhados do perfeccionismo, levam este indivíduo a desenvolver sérios problemas com o perdão, motivo pelo qual se sobrecarrega de culpas e amarguras. O perdão tem conotações espirituais que se manifestam no estado emocional e físico do indivíduo. O perdão tem função dupla. Quando é originado na área estimulada por Deus, nos leva a aprender a viver perdoados, livres de culpa, vergonha, medo e acusações. E, ao aprendermos a viver perdoando, o perdão nos conduz a uma vida livre de irritação, raiva e ansiedade. Por essa razão, o grande Mestre nos ensina que quando somos ofendidos, devemos clamar ao

Pai, a exemplo de Cristo, dizendo: "Pai, perdoa-lhes, pois não sabem o que estão fazendo" (Lc 23.34).

A falta de perdão se origina na área oposta, do lado da consciência do mal, a área das fraquezas temperamentais. A ausência de perdão é uma das coisas mais autodestrutivas que o ser humano faz, pois, ao não perdoar, o ofendido passa a ser aquele que sofre pela ofensa cometida pelo outro. Em muitas ocasiões, o ofensor nem sequer se apercebe da ofensa cometida, enquanto o ofendido é o que sofre por ela. O não perdoar a ofensa na hora acende a ira ou raiva no ofendido e, como este foca a atenção na ofensa, suas emoções giram em torno dela, bloqueando assim sua capacidade de pensar. É como se, de certa forma, se convidasse o ofensor a viver emocionalmente no coração do ofendido, pois cada vez que recorda a ação ofensiva ou a imagem do ofensor, as emoções nocivas e destrutivas causadas pela ofensa não perdoada são revividas.

8. A introversão, a necessidade de independência, o alto grau de perfeccionismo e a desconfiança, acompanhados das influências da família disfuncional, levam o Melancólico/analítico a desenvolver sérios problemas de inter--relações e a ser uma pessoa com alto risco de se tornar uma mãe ou um pai solteiro, transferindo essa insegurança aos filhos e induzindo-os a desenvolver um ponto de vista negativo de si mesmos. Isso significa um autoconceito negativo, porque os filhos buscam fazer todo o possível para agradar o pai ou a mãe Melancólico/analíticos e não conseguem, devido ao fato de as expectativas dos pais excederem a capacidade de atuação dos filhos.

Porém, quando a pessoa com este temperamento tiver formulado um conceito ou planejado algo, tende a ser fiel a seus propósitos e sacrificará qualquer coisa que atrapalhe suas metas e objetivos, mesmo quando estiver errado.

9. O perfeccionismo e alto temor à rejeição levam o Melancólico/analítico a ser uma pessoa mais atenta ao trabalho e objetivos do que às relações pessoais, incluindo a própria família. Quando há problemas relacionais na família, usa o trabalho como uma válvula de escape. Para expressar seus sentimentos, tende a utilizar mais os meios de comunicação indireta do que direta. Porém, quando encontra alguém que ganha sua confiança por haver demostrado capacidade intelectual e grau de autoridade, a pessoa melancólica tende a lhe transferir sua dependência, convertendo-a em sua confidente e em alguém a quem consultar frequentemente para tomar decisões. Isso coloca o "confidente" em certo nível de tensão, pois o Melancólico/analítico exige o máximo grau de confidencialidade e não é capaz de tolerar a mínima falha. Quanto mais confia em alguém, mais exigente se torna em relação à lealdade e à fidelidade do confidente.

Temperamento Melancólico/analítico, em afetos

1. O indivíduo Melancólico/analítico, na área afetiva, tende a ser uma pessoa que requer poucas expressões de amor e afetos, tais como abraços, beijos e toques físicos. O nível e intensidade dessas expressões oscilam de acordo com seu estado emocional. Se os indicadores afetivos estiverem altos, pode ser uma pessoa romântica e carinhosa, se estiverem baixos, torna-se uma pessoa solitária, que demonstra pouquíssimo ou nenhum interesse por se socializar, e muito menos por manifestar amor e carinho. Nessas condições, mostra-se uma pessoa frustrada, que não consegue ocultar suas emoções de inconformidade consigo mesma, razões pelas quais poderá contestar com respostas afiadas e pouco agradáveis. É necessário ter em mente que o comportamento humano é baseado principalmente nas três colunas-chave, o temperamento, o caráter e a personalidade, mas cada uma dessas colunas é influenciada de uma maneira ou outra por muitos fatores, tais como meio ambiente, influências cultural, familiar e social, nível acadêmico alcançado, dentre outros.

Este indivíduo tem uma tendência a tratar as necessidades de temperamentos de forma semelhante, tanto na parte expressa como na desejada. Aqui podemos ver, com evidente clareza, os propósitos de Deus, o grande arquiteto, designer e doador da vida. Isto porque as necessidades comuns para todos os seres humanos, tais como o amor e a necessidade de dá-lo e recebê-lo, são manifestadas e administradas em níveis muito pessoais e individuais, estabelecendo entre um ser humano e outro as diferenças de quantidade e intensidade de tais emoções. É que o grande arquiteto – o ser soberano – desenha a cada um de nós com propósitos, chamados e vocações distintos.

O ser humano foi projetado e criado para ser feliz e viver abundantemente. Podemos alcançar e desfrutar essa felicidade e vida abundante quando descobrimos e passamos a viver nos propósitos para os quais fomos feitos. Fora deles, a vida é de crises e miséria. Imagine um peixe que, de repente, se enfurece com seu meio ambiente e sinta vontade de viver fora d'água porque não gosta do ambiente aquático, ou por qualquer outro motivo. Tão logo ele saia do seu ambiente natural, para o qual foi feito, entrará em crise e, em pouco tempo, lhe sobrevirá a morte. Por esse motivo, o Filho do homem veio para nos levar de volta aos propósitos para os quais fomos criados, para sermos membros da grande família de Deus e vivermos em plenitude essa relação maravilhosa de filhos do Altíssimo.

2. Este indivíduo estabelece poucas relações pessoais profundas, e tende a ser pouco amistoso devido à sua dificuldade em confiar nos demais. Desde pequeno, tende a ser muito seletivo com as amizades e conta com poucos

amigos com quem compartilhar as brincadeiras. Estas tendências se mantêm durante o curso de sua vida. Pode chegar a ter muitos conhecidos, mas poucos com quem realmente compartilha sentimentos, emoções e necessidades. Pensa-se que o Melancólico/analítico tem pouco amor para dar e que chega a amar com esse amor de cônjuge, apenas uma ou duas pessoas na vida. Alguns deles vivenciam sérias decepções amorosas durante a juventude, sem conseguir superá-las. Alguns ficam sozinhos para o resto da vida, enquanto outros se desligam do amor verdadeiro envolvendo-se em relacionamentos românticos, porém, não estáveis, passando de um para outro.

3. A pessoa de temperamento Melancólico/analítico, em afetos, tende a apresentar sentimentos profundos. Quando sofre uma decepção, esta lhe é emocionalmente desastrosa, pois leva muito tempo para se recuperar. Poucas vezes comunica seus verdadeiros sentimentos. Inconscientemente, age como se os demais pudessem adivinhar seus desejos e necessidades ocultas. Isso faz dela uma pessoa muito sensível, que se ofende com grande facilidade. Basta que um ente querido não responda do modo que o Melancólico/analítico espera, para ele se sentir ofendido.

Tende a manifestar um comportamento indireto, pois muitas vezes, ao desejar receber carinho e afeto do ser querido, demonstra o contrário. Por exemplo, a mulher com esse tipo de temperamento pode ocultar sua necessidade de receber afetos dizendo ao esposo ou companheiro: "Não toque em mim, deixe-me sozinha!", quando, na realidade, deseja ser tocada, abraçada e acariciada.

Se o companheiro ou esposo não consegue interpretar seus desejos e a deixa sozinha, tal como ela pediu, ela associa este comportamento com pensamentos negaivos tais como: "Você não me quer mais, já não tenho importância para você, etc.", e pode facilmente se fechar no quarto, submersa em lamentações que a conduzem à tristeza e ao pranto. Se o esposo ou companheiro percebe o que se passa e pergunta: "O que você tem? Algum problema, meu amor?" Ela responde: "É que já não tenho importância para você." Neste caso, um esposo inteligente mostra o quanto a ama e tudo volta ao normal. Porém, há outros momentos quando a mulher melancólica dá o mesmo sinal (não toque em mim, me deixe sozinha...), mas se o esposo ignorar as exigências dela e se aproximar, será motivo de briga porque nesse momento ela quer ficar, de fato, sozinha.

De modo que a comunicação deverá ser melhorada para que os sentimentos sejam demonstrados de maneira clara e precisa, a fim de poderem ser compreendidos pelos entes queridos e haver melhoria nas relações matrimoniais

TEMPERAMENTO MELANCÓLICO/ANALÍTICO, COM SEUS DONS, VIRTUDES, QUALIDADES E TENDÊNCIAS

e familiares. Trata-se certamente de uma complexidade do ser humano o fato de querer ser entendido pelos outros quando, ele mesmo, não consegue se entender.

4. O indivíduo Melancólico/analítico tem grande habilidade para se identificar com os sentimentos dos outros, pois tende a ser muito emocional. Às vezes, chora simplesmente por ver algumas cenas na televisão ou qualquer coisa que o comova emocionalmente. Devido ao seu dom principal da verdade, ele gosta e se comove com o ideal, o sublime e o puro. Recebe seu chamado profético pelos atributos e qualidades deste temperamento.

Este indivíduo tende a desenvolver um grande senso de discernimento e habilidades para "ler as entrelinhas" e, fazendo uso de sua destreza observadora e analítica, pode discernir o sofrimento e sentimento dos outros, mesmo que estes nada tenham lhe contado. Essa pessoa tem dificuldades de acreditar nos outros e, quando chega a crer, crê ao extremo, razão por que qualquer desilusão é desastrosa para o Melancólico/analítico e levará tempo para que ele a assimile e se recupere do baque. Sente-se mal, com dúvidas quando lhe mostram muito amor e afeto que ele não solicitou. Muitas vezes, ele sente como se estivessem invadindo sua privacidade.

5. Tem uma tendência a desenvolver um forte temor ao repúdio e fracasso amoroso. Este indivíduo gosta de colocar o ônus da prova nos demais. Ele precisa se sentir seguro antes de entrar em relacionamentos profundos. Muitas vezes, pela frustração que sente ao não encontrar a companheira ou companheiro ideal, tende a se envolver em relacionamentos românticos sem pensar, simplesmente fazendo o jogo da outra pessoa. Quando reage, já está emocionalmente envolvido com uma pessoa que não atende suas expectativas e a quem não deve amar, por não reunir os requisitos do Melancólico/analítico. Assim também, no momento de terminar os relacionamentos, se consola dizendo: "O que começou mal não pode terminar bem." Assim como para o Melancólico/analítico, isto acontece com os outros temperamentos, por múltiplas razões. Uma delas é a incapacidade de traçar limites de comportamentos apropriados, que lhe permita mover-se dentro do seu próprio espaço e parâmetros de comportamentos.

6. Tende a sofrer de baixa autoestima, cujo nível ou grau depende, entre outras coisas, das relações familiares. Os resultados de muitos estudos indicam que crianças que foram vítimas de abuso – físicos ou emocionais – ou negligência por parte dos pais, desenvolvem sérios problemas de baixa autoestima. A necessidade de independência, o amor à verdade e o alto grau de inteligência da criança melancólica/analítica – quando pressionada ou reprimida pelos pais ao ponto de dominar sua vontade à força

– transformam-se em fatores biopsicossociais que impedem um sentido coerente da identidade.

O desejo e o esforço intensos, porém inúteis, por parte da criança de satisfazer as demandas dos pais, a levam a sentir uma necessidade de afeto que não é satisfeita por eles. Isso induz a criança a desenvolver poucas habilidades de controlar seus impulsos e seu sentido de fracasso e, por isso, desenvolve uma opinião negativa de si mesma e insegura acerca dos demais. Segundo Sperry (2003), a expressão "Eu não sei quem sou ou para onde vou" demonstra a existência de problemas de confusão de valores em que a estima flutua com a emoção do momento. Nessa condição, o outro é visto de maneira ambivalente, como: "as pessoas são boas; não, elas não são boas", "ter metas é bom; não, isso não é bom", "se as coisas na vida não são do meu jeito, não posso tolerá-las".

7. Quando é ferido ou rechaçado por uma pessoa querida, esse indivíduo tende a se tornar furioso e pensa muitas vezes em vingança, mesmo que nunca leve a desforra a cabo. Tem sentimentos muito profundos. Custa-lhe muito assimilar as perdas emocionais. É amante da verdade, da fidelidade e de tudo que se relaciona ao sublime, razão por que tem grande dificuldade de crer nas pessoas e, quando crê, confia a ponto de se sacrificar pelos outros. Seu amor pela verdade, perfeccionismo e lealdade faz do Melancólico/analítico, em afetos, uma pessoa com sérios problemas para perdoar. Demonstra problemas de perdão consigo mesmo e com os outros, sendo capaz de se sacrificar como uma forma de pagar pelos próprios erros.

8. A linguagem de amor do Melancólico/analítico é a palavra de afirmação. O elogio a seus dons e qualidades é algo que pode ser interpretado de duas maneiras, dependendo da área de temperamento ativada. Se for a área forte, robustece a satisfação e confiança do indivíduo, mas, se for a área fraca ou negativa, a vê como piada ou sarcasmo, já que ele mesmo não se considera uma boa pessoa. A maneira de motivar este indivíduo é aproximar-se intelectualmente, pois ele se considera muito inteligente e gosta dos desafios intelectuais. Tende a obter maior motivação pela palavra do que pelo toque físico, até mesmo no aspecto sexual. De fato, muitas pessoas melancólicas não gostam do toque físico e se sentem incomodadas ao serem tocadas. Normalmente é uma pessoa pouco comunicativa e necessita de tempo de solidão. Pode ser carinhosa e romântica quando seus indicadores emocionais estão altos, mas se isola quando alguma preocupação lhe ocupa a mente.

O indivíduo Melancólico/analítico em afetos, tende a ser fiel e leal em suas relações. Não gosta de se associar a indivíduos que considera inferiores a ele. É fiel e leal à sua família e amizades. Desenvolve uma obsessão, especialmente nas relações amorosas, querendo mantê-las ainda que sejam nocivas. Seu desempenho afetivo oscila conforme seu processo mental, podendo ser romântico e carinhoso, ou seco e rígido. Aqui vemos um dos fatores causadores da separação e divórcio. Por exemplo, quando um indivíduo Melancólico/analítico se casa com um Sanguíneo/extrovertido, que desenvolve o toque físico como linguagem de amor. Isso não significa que os casais com estes temperamentos devam se separar ou divorciar, de modo algum. Eles devem conhecer o seu próprio temperamento, cada um de si e do cônjuge, para desenvolver estratégias saudáveis e duradouras que mantenham o matrimônio e a família.

9. As condições de vida se tornam muito difíceis para os que convivem com o Melancólico/analítico, porque não é fácil satisfazer suas expectativas. É por isso que o Melancólico/analítico se torna uma pessoa introvertida. Quando pensa que ninguém o entende, ou quando não lhe interessam as coisas que o cercam, se afunda no oceano de seus pensamentos, mesmo quando rodeado dos entes queridos. A combinação de sua capacidade intelectual e perfeccionismo o transformam em uma pessoa que estabelece padrões de vida muito altos para si mesma e para os que a rodeiam, levando-a a ser alguém suscetível à depressão. Deprime-se com muita frequência se as coisas não saem conforme o planejado, mas também conta com a habilidade de entrar e sair da depressão com grande facilidade, já que seu estado de ânimo oscila de acordo com os seus pensamentos.

"Ó melancolia que, com sua solidão, obscurece a mais diáfana e resplandecente mente humana, ao afundar em um mar de confusão e tormentos e lhe esgota a mais ínfima reserva de energia!" É uma melancolia que cobre a pessoa como uma escuridão densa e pesada. Este estado mórbido de abatimento mental é visto como uma nostalgia, angústia da própria alma, produzindo uma sensação que não se entende do quê é e por quê.

A melancolia cega o entendimento e a capacidade cognitiva do indivíduo para entrar no abismo psíquico entre o aqui físico, que se rechaça, e o além dos limites e da compreensão científica, que desespera e dá medo. É a melancolia gerada pela incompreensão de si mesmo e pela incapacidade de o indivíduo estabelecer e manter relacionamentos satisfatórios consigo mesmo e com os demais. É uma condição que se odeia, mas que é difícil de superar sem a ajuda adequada. Para essas pessoas, a terapia baseada nos temperamentos oferece uma porta de luz e esperança.

Os resultados dos clientes atendidos em nosso Centro de Aconselhamento Cristão Alpha demonstram que a pessoa melancólica na área de inclusão, movida por múltiplos fatores, como a introversão e a exigência de perfeccionismo de si mesma e dos demais, tende a gerar um padrão de pensamento negativo. Uma vez que este padrão se desenvolve, os pensamentos negativos se tornam automáticos. Desta maneira, o indivíduo, muitas vezes sem se dar conta, entra em um túnel escuro e tormentoso de pensamentos negativos, afetando assim seu estado de espírito.

Para ajudar efetivamente este tipo de pessoa, é preciso que ela aprenda mecanismos que a permitam romper com o passado e renovar o conteúdo da memória, dando-lhe novos significados, ou eliminando imagens e maneiras negativas e traumáticas de pensar. Uma ferramenta poderosa para equilibrar é o perdão. Lembre-se que o modo de se aproximar do indivíduo Melancólico/ analítico é o intelectual. Nunca subestime sua inteligência, porque no momento em que o fizer, o perderá como cliente. Assim que o indivíduo com esse temperamento compreender e assimilar o significado do perdão, lhe será fácil romper com os modos de pensar negativos e traumáticos do passado.

Em seguida, o clínico precisa ajudar o aconselhado a identificar e descobrir seus atributos, virtudes e qualidades, para que possa confiar nas próprias habilidades e capacidades; assim como usar seus recursos pessoais internos e superar qualquer situação adversa, inclusive os estados de ânimo e problemas relacionais.

6

TEMPERAMENTO COLÉRICO/ DOMINANTE, COM SEUS ATRIBUTOS, VIRTUDES, QUALIDADES E TENDÊNCIAS

O Senhor (Jeová) descreve aquele que, sem deixar de ser Deus (amor), é também justiça e, portanto, deve julgar o mal onde quer que ele exista e a qualquer preço. De modo que aqui vemos o Altíssimo sob o aspecto de quem estabelecerá justiça, aborrecendo e julgando o mal. É sob este nome que o Criador assume a posição de Colérico/dominante, o líder executivo. Em o Senhor dos Exércitos, vemos um líder exigente e difícil de satisfazer, o qual requer que as coisas sejam feitas à sua maneira, porque, se assim não for, ele vê como um desafio à sua autoridade. Sendo, assim, um líder inflexível que não tolera a desobediência e as fraquezas dos demais.

O indivíduo de temperamento Colérico/dominante tem a habilidade inata para ser líder. Ele nasce para mandar, não para ser mandado. A pessoa com este temperamento é muito inteligente e persistente em levar a cabo seus propósitos. É sob o nome de Senhor (Jeová) que o Divino aparece a Jacó e lhe diz: "Estou com você e cuidarei de você, aonde quer que vá; e eu o trarei de volta a esta terra. Não o deixarei enquanto não fizer o que lhe prometi" (Gn 28.15).

Entretanto, do mesmo modo que é persistente em realizar seus planos e propósitos, tem problemas para perdoar. É sob essa postura que o Senhor dos Exércitos ordena ao primeiro rei de Israel, Saul, que cumpra a missão de destruir todo um povo. "Assim diz o Senhor dos Exércitos: 'Castigarei os amalequitas pelo que fizeram a Israel, atacando-os quando saíam do Egito. Agora vão, ataquem os amalequitas e consagrem ao SENHOR para destruição tudo o que lhes pertence. Não os poupem; matem homens, mulheres, crianças, recém-nascidos, bois, ovelhas, camelos e jumentos'" (1Sm 15.2-3). Porém, Saul falhou em cumprir a missão tal como lhe fora ordenada, ele foi castigado e não alcançou o perdão, embora o tivesse buscado com lágrimas.

De modo que, em cada temperamento, vemos Deus atuando de diferentes pontos de vista, operando em atributos e características distintos, que conferem peculiaridades a cada nome. O temperamento Colérico/dominante é o mais difícil de manipular, pois junto com suas habilidades inatas de liderança, existe a capacidade visionária, as altas virtudes e qualidades de um líder executivo.

Este temperamento é responsável, em grande parte, pelo desenvolvimento dos líderes de maior destaque já produzidos pela raça humana. A eles devemos, em grande parte, os sucessos alcançados no avanço industrial e tecnológico de nossos dias. Quando a pessoa deste tipo de temperamento aprende ou é ajudada a se mover na área dos pontos fortes, se equipa para desenvolver o potencial de liderança com o qual nasce, tornando-se assim um grande benefício para a humanidade.

Porém, quando se move na área dos pontos fracos, transforma-se no temperamento mais poderoso e destrutivo. Sua pouca habilidade de perdoar e a exigência do cumprimento de suas vontades, desenvolve nela uma tendência raivosa e cruel. De fato, dentre os mais temíveis ditadores cruéis e criminosos que existiram, destaco Adolf Hitler, como um exermplo. Quando esses indivíduos nascem de novo e começam a usar os pontos fortes do temperamento para o que é bom e louvável, chegam a se transformar nos melhores líderes empresariais e administradores no cristianismo e na sociedade.

Saulo de Tarso, que mais tarde viria a ser o grande apóstolo Paulo, é o melhor exemplo disso. Antes de sua conversão a caminho de Damasco, Paulo usava os pontos fortes de seu temperamento para o avanço do Império Romano, para a estabilidade do acordo entre Israel e Roma e para exaltação própria, razão por que aterrorizava a igreja primitiva, ignorando o que lhe sucederia nessa empreitada. Depois de seu encontro com Cristo, Paulo utilizou os pontos fortes do temperamento para o crescimento, fortalecimento e exaltação da igreja primitiva. Desse modo, podemos ver em Paulo o exemplo claro de um Colérico/dominante antes e depois de sua conversão ao cristianismo.

Antes de sua conversão, vemos Paulo usando os dons, virtudes e qualidades do temperamento para os propósitos de alguém que ativa ou aciona o conteúdo a partir da consciência do mal, cujos propósitos são "roubar, matar e destruir". Porém, uma vez convertido ao evangelho, ele transfere suas ações para o lado da consciência do bem – a qual, neste caso, é ativada pelo Senhor dos Exércitos – para usar positivamente as qualidades e atributos que o dirigiram à autotranscendência, convertendo-se assim em um dos maiores líderes do cristianismo.

Em Abraão, temos um exemplo claro de um Melancólico/analítico. Este é um exemplo perfeito que apoia a teoria do autor, que mostra que os temperamentos não mudam, ou seja, não são mudados na essência, mas são reorientados no sentido de usar seus pontos fortes para propósitos distintos. Esta reorientação vem com o novo nascimento e a reconciliação do filho pródigo que abandonou o lar, mas que regressa a casa, aos braços de seu pai. E, assim, dá oportunidade para que o Pai celestial ative os pontos fortes de seu temperamento e, a partir daí, produza no filho "tanto o querer quanto o realizar, de acordo com a boa vontade dele". (Fp 2.13). O Colérico/dominante, antes e depois de sua experiência da conversão, continuará assim: o apóstolo Paulo era tão Colérico/dominante quando perseguia a igreja, como quando escreveu as cartas aos coríntios.

É difícil um Colérico/dominante vir ao conhecimento do Senhor Jesus Cristo como salvador pessoal depois de ter atingido a idade adulta. Além disso, se lhe torna difícil aceitar o senhorio de outra pessoa sobre sua vida e comportamentos. A maioria dos cristãos Colérico/dominantes foi criada por pais cristãos muito devotos. Eles tiveram que ser apresentados ao cristianismo ainda na tenra idade, para que desde a infância, reconhecessem a autoridade e o poder de Deus sobre a vida e os comportamentos dos humanos.

É claro que Deus, como divino soberano, pode intervir nas vidas dos seres humanos no momento que quiser e como desejar, é por isso que se escutam testemunhos de Colérico/dominantes que vieram ao evangelho já na idade adulta. Porém, a maioria tem algo em comum: um encontro com Cristo de forma brusca, não exatamente como Saulo de Tarso, mas algo parecido, em que o Senhor demonstra poder e autoridade sobre a vida dos homens.

Lembre-se de que quando é ativado na área forte, o temperamento abre a porta para a autotranscedência e permite crescer nesse conhecimento do que se é em relação ao Criador e Seus propósitos no vínculo de Pai e filhos. É nesta área forte dos temperamentos que precisamos nos esforçar ao máximo: "Por isso mesmo, empenhem-se para acrescentar à sua fé a virtude; à virtude o conhecimento; ao conhecimento o domínio próprio; ao domínio próprio a perseverança; à perseverança a piedade" (2Pe 1.5-6).

A fé excede a compreensão da lógica humana, a qual nos leva a pensar no passado cheio de fracassos e triunfos, geralmente, com mais derrotas do que conquistas, o que aumenta a insegurança e o medo do porvir. É por isso que "a fé é a certeza daquilo que esperamos e a prova das coisas que não vemos. Pois foi por meio dela que os antigos receberam bom testemunho. Pela fé entendemos que o universo foi formado pela palavra de Deus, de modo que o que se vê não foi feito do que é visível" (Hb 11.1-3). É a esta certeza e convicção que precisamos acrescentar virtude, o poder de trazer à realidade existencial o que cremos. Para isso, necessitamos dos conhecimentos para saber como fazê-lo, assim como precisamos acrescentar o domínio próprio.

O TEMPERAMENTO COLÉRICO/DOMINANTE, EM INCLUSÃO

1. O indivíduo de temperamento Colérico/dominante é extrovertido, de um modo seletivo e muito natural, quando se move na área dos pontos fortes. Ele tende a usar suas habilidades para se associar e se apresentar como uma pessoa decidida e com a solução dos possíveis problemas. Orienta-se mais a favor das metas e dos propósitos do que às relações pessoais, mesmo quando a necessidade de exercer autoridade e controle sobre as vidas dos demais, o impulsiona a se relacionar com muitas pessoas.

Porém, quando se move na área dos pontos fracos do temperamento, tem a tendência a associar-se à pessoas fracas de caráter e de vontade. Embora o Colérico/dominante, na verdade, deteste essas pessoas, o faz mais para atingir as metas e objetivos próprios. Depois de usar essas pessoas fracas, o Colérico/dominante pode tratá-las com crueldade e manifestar-lhes muita irritação, pelo fato de serem incapazes de agir por si próprias. Quando as pessoas indecisas se apoiam no Colérico/dominante, embora este aparente lhes oferecer o apoio e suporte necessários e desejados, ele simplesmente as afasta de si. Ocorre totalmente o oposto quando se move na área dos pontos fortes do temperamento, onde há um ingrediente que vincula os talentos, virtudes e qualidades, sob o carisma do amor.

O Colérico/dominante tem, geralmente, emoções fortes e impulsivas. Nasce para ser líder; é o executivo por excelência, capaz de levar os outros ao máximo desenvolvimento ou capacidade produtiva, sempre que cumprirem suas exigências. Desse modo, nasce para mandar, não para ser mandado. Tem habilidades de manipular o comportamento dos demais, segundo os próprios propósitos. É uma pessoa extrovertida e expressiva. Demonstra o que quer e sente, de forma verbal e corporal. É uma pessoa muito otimista. Mesmo quando está certo, se torna muito impopular por sua pouca flexibilidade, caso não use o amor como ingrediente contra atritos. Quando se move nos pontos fracos do temperamento, não se preocupa muito porque tem mais interesse em alcançar metas e atingir propósitos do que ter a simpatia das pessoas.

2. O indivíduo Colérico/dominante, em inclusão, tende a ser uma pessoa de muita energia intelectual, convertendo-se em um indivíduo muito inte-

ligente e enérgico, bem como de rápido reagir. Sua orientação social extrovertida lhe permite pensar à medida que fala. Suas palavras, acompanhadas das qualidades mencionadas, enriquecem as características de líder executivo, conferindo-lhe as habilidades para manipular as coisas da maneira que desejar. Tende a ser um indivíduo muito persistente no que se propõe e difícil de distrair. Estas características fazem do Colérico/dominante, na inclusão, uma pessoa de pouca flexibilidade e extremamente exigente.

As mães que têm filhos com temperamento Colérico/dominante os descrevem como crianças que começam a expressar suas inquietudes desde o estado pré-natal. Segundo essas mães, a gravidez de filhos Coléricos/dominantes é totalmente diferente daquela de outros tipos de temperamentos. Eles tendem a modelar os comportamentos das mães desde o estado pré-natal. Chegam a influenciar até o modo como elas comem, de acordo com o gosto do bebê. Se a mãe come algo não desejado, ele a induz ao vômito. Com o sono é igual: o bebê Colérico/dominante faz com que a mãe altere seus hábitos de dormir e, assim, mulheres que dificilmente dormem de dia, passarão a dormir mais horas de dia do que de noite.

3. Este indivíduo tende a ser perfeccionista e dominador. Gosta que as coisas sejam feitas da maneira que lhe agrada. Isso o leva a ser uma pessoa com sérios problemas de ira, pelo fato de seu perfeccionismo, inteligência, necessidade de exercer autoridade e controle, o levar a interpretar as falhas dos demais como um desafio à sua autoridade e capacidade administrativa. Este indivíduo exige que os demais façam as coisas da forma que ele deseja, ainda que, para isso, tenha de repetir o trabalho continuamente.

4. Ele tende a ser movido pela força da liderança, para exercer controle, autoridade e se torna uma pessoa rígida. As forças de seu temperamento levam-no a exercer controle e autoridade sobre as vidas e comportamentos dos demais. Embora muitas vezes demonstre ser amigável, geralmente o faz apenas para obter o controle desejado. Seu perfeccionismo, inteligência, necessidade de exercer controle e autoridade o induzem a ser um indivíduo que desenvolve graves problemas para perdoar as imperfeições dos demais e é difícil para ele aceitar os próprios erros.

Sofre de sérios problemas de ira, o que resolve castigando as imperfeições dos demais, até mesmo com a confrontação física, se for necessário. Como pai, se torna muito exigente e rigoroso com os filhos. Estas exigências do Colérico/dominante para com os filhos podem ser vistas de duas maneiras: (1) impulsionam o desenvolvimento do potencial dos filhos (quando o comportamento Colérico é temperado pelo amor); (2) a rigidez e as exigências coléricas podem traumatizar seus filhos e forçá-los a buscar a independência em uma idade precoce.

5. A alta energia intelectual e as habilidades de líder o fazem manipular as vidas e comportamentos dos outros conforme deseja, de tal maneira que tende a pensar e falar pelos outros, porque, inconscientemente, crê saber mais do que os outros sobre aquilo que eles necessitam. Ele crê que sabe tudo e, em sua mente, todos os demais são ignorantes e incapazes de saber o que é melhor para eles mesmos. Pega-se constantemente dizendo aos outros o que fazer e, muitas vezes, sua maneira de falar é na forma de ordens, tendo que trabalhar muito com a disciplina para conseguir ser mais cortês e gentil. Lembre-se de que o comportamento humano baseia-se nas três colunas mencionadas anteriormente, as quais são: temperamento, caráter e personalidade. Por isso, pessoas do mesmo temperamento podem mostrar comportamentos semelhantes diante dos mesmos estímulos, porém sempre em níveis de intensidade diferentes.

6. A grande energia intelectual, a tendência perfeccionista, o amor à verdade, a demanda de lealdade e a necessidade de exercer controle e autoridade, fazem do indivíduo Colérico/dominante, na inclusão, o líder executivo a quem nenhum outro temperamento pode se igualar. Do mesmo modo que o Melancólico/analítico é o visionário, o arquiteto e desenhista, o Colérico/dominante é quem executa e realiza os planos e projetos, mesmo quando estes pareçam muito difíceis de realizar. É que, para responder de forma efetiva às demandas de seu temperamento, o Colérico/dominante tem de ser inflexível, pois qualquer flexibilidade de sua parte poderia ser vista como uma debilidade que afeta negativamente sua liderança.

Ele demonstra ter uma grande necessidade de relações pessoais, mas na realidade, deseja ter poucas pessoas ao seu redor. Isto é, pessoas que aceitem sua liderança e sigam suas instruções. Tende a ser uma pessoa muito decidida. As dúvidas fogem do Colérico/dominante, que não conhece o temor do fracasso. Ele tem as habilidades de fazer todas as mudanças necessárias, a fim de obter o resultado desejado. É capaz de se adaptar a situações adversas por pouco tempo, até que possa retomar o controle.

7. Tende a sofrer de sérios problemas de ira e, por isso, tem surtos de comportamentos agressivos, por causa da tendência perfeccionista. Diante das deficiências e erros dos demais, reage com frustração, porque percebe essas deficiências e erros alheios, como um desafio à sua autoridade e dons de líder. Seu estado de ânimo varia conforme as circunstâncias internas e externas. Em uma conversa de minutos, pode passar da emoção do riso à raiva e, em

TEMPERAMENTO COLÉRICO/DOMINANTE, COM SEUS DONS,
VIRTUDES, QUALIDADES E TENDÊNCIAS

seguida, à ira. Este indivíduo tem emoções muito fortes. Geralmente age por impulsos, sem pensar nas consequências imediatas, abrindo assim as portas ao círculo de violência (verbal e física).

8. Os atributos do Colérico/dominante são o poder e a autoridade. Estes dois predicados operam de maneiras diferentes no Melancólico/analítico e no Colérico/dominante. O Melancólico/analítico, como introvertido, pensa muito e faz pouco: a corrente flui de fora para dentro, fazendo dele uma pessoa idealista e pouco expressiva. No Colérico/dominante, por ser um extrovertido que pensa pouco e faz muito, a corrente flui de dentro para fora, fazendo dele uma pessoa de ação espalhafatosa.

É importante entender que, além dos atributos, existem as virtudes e qualidades. Eles são também fatores influentes no funcionamento de nosso mecanismo psíquico, moldando a forma de reagir perante os estímulos e a intensidade de tais reações. Newberg, D'Aquili & Rause (2001) enfatizam que o ser humano tem várias áreas de associações no córtex, desenhadas para juntar as informações sensoriais. Algumas delas se dedicam a um único sentido e outras recebem informações de mais de um sistema sensorial ou sentido. Todos eles processam e integram informações com os mesmos objetivos: enriquecer o entendimento do nosso mundo fora do nosso cérebro, identificando objetos específicos e determinando qual será nossa resposta cognitiva, emocional e comportamental. De modo que, embora muitas vezes os indivíduos de diferentes temperamentos respondam com o mesmo entendimento, emoção e comportamento perante um estímulo, a intensidade da emoção e a duração serão diferentes de um para outro.

9. O indivíduo Colérico/dominante, em inclusão, tende a ser mentalmente independente. Ele não gosta de consultar terceiros para chegar a conclusões e, quando o faz, trata de enriquecer sua fonte de dados para fazer os ajustes necessários, mas sem a intenção de seguir os conselhos dos demais. Tende a ser pouco pensador, porém, uma vez que organiza algo em sua mente, é difícil mudar, mesmo que esteja errado. É muito difícil para uma pessoa com este temperamento reconhecer falhas e pedir perdão, já que isto significaria uma debilidade em seu caráter de líder. Desde pequeno, tende a reclamar independência.

Nos estudos sobre o temperamento realizados pelos doutores Chess e Thomas, foram identificadas três constelações de temperamentos, as quais classificaram da seguinte maneira: é difícil, é fácil e é lento para reagir. Como você deve imaginar, o Colérico/dominante entra nessa constelação do "é difícil". Desde bebê, começa a mostrar os pontos fortes de seu temperamento a seus pais, só parando de chorar quando lhe é dada a atenção que deseja. É uma criança que, com poucos meses, repudia os seios maternos e que, aos três ou quatro anos, já quer fazer as coisas por si mesma: quer tomar banho e se vestir sozinha e começa a mostrar suas características de líder ao interagir com outras crianças.

Quando vistos separadamente, com todas as suas virtudes, atributos e qualidades, podemos entender a importância dos temperamentos para o bom funcionamento das coisas. Sendo assim, cabe a nós a missão de desenvolver meios comunicativos mais abertos e confiáveis para integrar os traços temperamentais de uma forma harmoniosa, de maneira que brilhem as excelências da verdade pura e transparente.

Assim, encerram-se as opções de dúvidas e inseguranças, e se mova o poder para a realização das proezas planejadas ou imaginadas. A integração da verdade e da capacidade abre espaço para a confiança e fé, gerando um clima de paz, dando oportunidade ao despertamento do amor, como o "vínculo perfeito", produzindo um ambiente em que o serviço e a gentileza engrandecem o indivíduo.

Uma grandeza baseada na verdade que gera confiança. A combinação da verdade e da confiança motiva o nascimento da paz. A combinação harmoniosa do trio formado por verdade, confiança e paz, dá lugar ao despertamento espontâneo do amor genuíno, o qual leva o indivíduo a amar o outro pelo que é e não pelo que tem.

Temperamento Colérico/dominante, em controle

1. Geralmente, o indivíduo de temperamento Colérico/dominante, em controle, é uma pessoa extremamente independente. Tende a se aproximar de muitas pessoas por relações superficiais, como de trabalho ou negócios, porém deseja manter um pequeno número delas por perto. Não gosta que mandem nele e nem que lhe digam o que fazer. É uma pessoa impaciente e de resposta muito rápida, o que a faz tomar decisões por impulsos, mesmo quando necessita estar no controle total de qualquer responsabilidade assumida, não tolerando a menor interferência de terceiros.

É um indivíduo extrovertido e expressivo, que não consegue sossegar, é uma pessoa impetuosa. Sente uma grande necessidade de controlar as vidas e comportamentos dos demais, mas não tolera que ninguém regule sua vida e seus comportamentos. Tende a ignorar as emoções, sentimentos dos outros e critica as debilidades alheias com grande frequência. É movido, pela força da liderança, a exercer controle e autoridade e as forças de seu temperamento orientam-se para si mesmo. Suas habilidades de líder e sua pouca confiança nos demais fazem com que o Colérico/dominante, em controle, tenha problemas em delegar responsabilidades e, mesmo quando delega, não deixa que os outros realizem as atividades por si mesmos, por isso, tende a se sobrecarregar e ficar exausto.

2. Este indivíduo é dirigido por metas e propósitos e não por relações pessoais, motivo pelo qual se torna pouco complacente com os outros. Gosta que os demais façam as coisas do jeito que ele acha que devem ser feitas. Quando alguém faz o contrário, se enche de ira com facilidade. Não tolera as imperfeições dos demais, expressa sua ira castigando-os, com confronto físico, se for necessário.

Hamer e Copland (1998) garantem que a violência e a agressão têm raízes genéticas. Vários estudos mostram que a alteração de um singelo nível químico no cérebro, pode mudar completamente o nível de agressividade nos animais. A manipulação de um simples gene pode converter um rato indefeso e manso em um assassino perigoso. A química cerebral está presente nos seres humanos e certos indivíduos são levados à violência por forças internas. Como temos mostrado, isso dependerá da fonte originadora do estímulo interno na consciência. Se o estímulo é ativado na área da consciência negativa, a área débil do temperamento, o é pelo "inimigo", cujos propósitos são "roubar, matar e destruir". Esta é a realidade do ser humano. Nossas condições bioquímicas podem ser alteradas pelo surgimento de estímulos internos que motivam nossos comportamentos para algo bom ou mau.

Deus ativa, na área das fortalezas do temperamento, o estímulo para algo bom e o inimigo, Satanás, ativa a área de debilidades do temperamento, para algo mau. Isso nos explica a agonia preocupante do apóstolo Paulo: "Sei que nada de bom habita em mim, isto é, em minha carne. Porque tenho o desejo de fazer o que é bom, mas não consigo realizá-lo. Pois o que faço não é o bem que desejo, mas o mal que não quero fazer, esse eu continuo fazendo" (Rm 7.18-19). Verdadeiramente não sou eu, mas o espírito que ativa em mim esses estímulos negativos. Assim sendo, onde está minha obrigação de responder pelos meus próprios atos? A minha responsabilidade é conhecer meus atributos, virtudes e qualidades situados no temperamento, para desenvolver um sistema de avaliação da motivação e alerta da consciência, que sinalize para mim de qual lado provê tal razão.

Todos os conhecimentos existentes do lado negativo da minha consciência são corruptíveis e mortais. Meu espírito, cognição e alma necessitam desenvolver estruturas cerebrais que me permitam identificar e permanecer na fonte da fortaleza do meu temperamento, porque necessito diminuir ou eliminar de mim as influências dos estímulos gerados do lado negativo da minha consciência. "Pois é necessário que aquilo que é corruptível se revista de incorruptibilidade, e aquilo que é mortal, se revista de imortalidade. Quando, porém, o que é corruptível se revestir de incorruptibilidade, e o que é mortal, de imortalidade, então se cumprirá a palavra que está escrita: 'A morte foi destruída pela vitória'" (1Co 15.53-54).

É nossa responsabilidade conhecer e fazer uso de nossos atributos, virtudes, qualidades e características de maneira positiva e construtiva. Além disso, devemos utilizar nossos sistemas sensoriais, nossa composição bioquímica e genética para substituir tudo o que ocupa o lado de nossa consciência negativa, pelo que há na positiva. Obtendo isso, poderemos fazer morrer em nós tudo aquilo que é para nossa própria destruição, a fim de que possamos desfrutar essa vida abundante, onde não exista o medo, mas sim um conhecimento amplo daquilo que somos e do mundo que nos rodeia.

2. O Colérico/dominante gosta muito de participar de atividades sociais onde pode exercer seu controle e autoridade e onde possa encontrar esse reconhecimento como líder. É uma pessoa muito impaciente e intolerante com os erros dos demais, dando respostas impulsivas. Exige submissão total e tem sérios problemas para perdoar. O perdão é um dom que todos nós necessitamos aprender a dominar e exercer para nosso bem, em benefício dos demais. O perdão tem um propósito duplo, que é: (1) curar as feridas do ofendido e assim liberá-lo da culpa e da vergonha, fechando a janela da depressão e da baixa autoestima; (2) liberar o opressor, cortando os laços das inimizades, divisões, insegurança e ansiedade. Não se trata de uma simples ação momentânea, mas um estado de vida, onde se aprende a viver perdoado para viver perdoando.

3. Quando movido pelo lado das debilidades do temperamento, tem a tendência de usar as pessoas para alcançar seus propósitos, principalmente as de temperamentos mais fracos. Devido à sua força de líder, se torna difícil para ele dizer o que sente ou pedir perdão. Ele expressa o que quer e sente de maneira verbal e corporal. É uma pessoa muito otimista. É possível que esteja correto, mas torna-se extremamente impopular por sua forma de impor a própria vontade – coisa que não o preocupa muito, já que lhe interessa mais alcançar suas metas do que ganhar a simpatia dos outros.

É difícil viver nas expectativas do Colérico/dominante em controle, sobretudo quando ele é movido na área externa, às fortalezas do temperamento. Isso ocorre porque, no Colérico/dominante, os atributos se entrelaçam; o poder para viver a vida dirigida pela verdade e, desta forma, desfrutar a paz gerada pelo amor. Uma paz não baseada no binômio "verdade e confiança", mas imposta pelo poder.

4. O Colérico/dominante, em controle, nasce para ser o líder que executa projetos e conduz as empresas até seus níveis mais altos de produção e desenvolvimento. Neste sentido, nenhum outro temperamento pode se igualar ao Colérico/dominante, que tende a ser inflexível e concentrado na realização do projeto, mas não nos meios para obtê-lo. Recebe o dom ministerial do apostolado pela força deste temperamento. Quando está convencido do que almeja, trabalha incansavelmente para obtê-lo. Nada paralisa um Colérico/dominante quando ele quer algo.

As fortalezas deste temperamento levaram Paulo a enfrentar as fúrias da natureza e até mesmo a oposição dos religiosos e governantes de seus dias. Sua inteligência e disposição lhe permitiam tornar as adversidades a seu favor. Como apóstolo, ele abre caminho onde não há e planta igrejas nos próprios centros das adversidades. Quanto mais o atacam para que desista de seus propósitos, mais persistente ele se torna. Foi a força do temperamento que conduziu Paulo a chegar ao topo na propagação do evangelho.

Quando o ser humano se move do lado positivo da consciência, atua como filho do Divino e honra a imagem e a semelhança divina. Porém, quando se move do lado negativo, associa-se com pessoas fáceis de conduzir e, depois de ter atingido os objetivos, tende a criticar suas debilidades. Tende a ser um indivíduo que, quando se envolve em projetos, pode trabalhar longas horas sem descansar, porque concentra toda atenção em si mesmo. Sua tendência perfeccionista faz com que exija o melhor dos outros, mas ele também dá o melhor de si mesmo para a realização de suas proezas. É o líder que vai à frente e ensina os demais com seus próprios exemplos.

5. Seu perfeccionismo e liderança rígida o levam a culpar os outros por seus erros. De forma jocosa, dizemos que "o Colérico/dominante em controle vai andando por uma rua, choca-se de frente com um cego e o culpa por não ter saído do caminho". Nos casos de violência doméstica, ele sempre culpa as mulheres ou as esposas, porque diz que elas o forçaram a maltratá-las. O Colérico/dominante, fora da presença de Deus, é um caso sério, pois possui dons, qualidades e características que podem ser usadas das formas mais cruéis e destrutivas. De fato, os piores criminosos, psicopatas e ditadores que a raça humana já produziu eram Colérico/dominantes. Por outro lado, os maiores líderes no mundo industrial, na área comercial ou no universo religioso foram Colérico/dominantes. Dentro dos seres humanos estão as portas de acesso para as fontes do bem e do mal; fazendo uso de nosso livre-arbítrio, decidimos

qual delas acessar. O Colérico/dominante em controle parece culpar os outros como maneira de satisfação pessoal e, ao fazê-lo, ignora a própria vulnerabilidade, mantendo um alto conceito de si mesmo.

6. A necessidade de exercer autoridade faz com que ele se envolva em todos os grupos sociais que puder, com o objetivo de expandir sua área de domínio e controle. Por tal motivo, muitas vezes se envolve em múltiplas tarefas e projetos, ou assume a responsabilidade de administrar vários projetos ao mesmo tempo. Sua resposta rápida lhe permite estar dirigindo uma reunião de diretoria em Nova York e, simultaneamente, estar atento aos movimentos das bolsas de valores, tanto em São Paulo, como em Tóquio. Para fazer isso de modo natural, enquanto um dos diretores faz sua apresentação, o Colérico/dominante em controle telefona para seu encarregado em cada uma das bolsas mencionadas, ou, simplesmente, as monitora por meio da Internet, sem deixar de escutar a exposição do membro da diretoria. Este indivíduo, quando aprende a moldar os pontos fortes de seu temperamento, a manejar a impulsividade e controlar a intensidade das emoções, se converte em um líder quase impossível de superar, tanto nos setores empresarial e comercial, como no universo religioso.

7. Este indivíduo tende a ser muito otimista, expressivo e capaz de interagir socialmente com muitas pessoas ao mesmo tempo, sempre tendo em conta o cumprimento de seus propósitos. Ele busca e trabalha com perseverança pelo reconhecimento, quando seus trabalhos não são aceitos, reclama seus direitos e, se confrontado, tende a reagir com violência e agressividade. Ele nasce com esses dons e qualidades de líder, os quais fazem parte do temperamento.

Quando nasce e se desenvolve em um lar de bons princípios e valores, tende a ser um líder positivo que, com suas habilidades, contribui para o engrandecimento próprio e da sociedade. Contudo, quando cresce sem ditames e qualidades morais, pode se converter em um perigo para todos, ao dar asas à sua sede de exercer autoridade, ainda que, para isso, tenha de sacrificar a própria família, como ocorre nos casos de certos ditadores, muitos líderes dos cartéis das drogas e do chamado crime organizado.

8. Os atributos e qualidades de líder, antes mencionados, levam o Colérico/dominante, em controle, a ser uma pessoa suscetível ao estresse, devido à sua luta ansiosa pelo sucesso e pelas várias oportunidades oferecidas nos dias atuais. Os três aspectos mensuráveis do temperamento – nível de atividade, intensidade da reação e o humor – se encontram bem acentuados no Colérico/dominante. As duas variáveis principais neste temperamento são: de um lado, a satisfação e a alegria, do outro lado, a insatisfação e o enfado. Poucas vezes dá oportuniade à depressão devido ao seu positivismo e otimismo. Este

indivíduo tende a ser um excelente provedor e protetor dos seus. Ele pode criticá-los, porém, não admite que os demais o façam.

TEMPERAMENTO COLÉRICO/DOMINANTE, EM AFETOS

1. O indivíduo de temperamento Colérico/dominante, em afetos, tende a ser uma pessoa brilhante, otimista, aparentemente afetuosa, porém, na realidade, precisa das relações pessoais para exercer controle e autoridade. Tende a ser um indivíduo cujas necessidades afetivas devem ser sempre satisfeitas, dentro de seus requisitos. Na área afetiva, o Colérico/dominante em afeto tende a se confundir com o Sanguíneo/extrovertido, porque ambos demonstram uma grande necessidade de relações pessoais, ainda que com motivações distintas. O indivíduo Sanguíneo/extrovertido o faz, por sua necessidade de dar e receber amor e afetos, ao passo que o Colérico/dominante age assim mais pela necessidade de exercer controle e autoridade, do que por desejo de afeto.

Tem, geralmente, emoções fortes e impulsivas. O Colérico/dominante é uma pessoa com muita energia intelectual, dinâmica e ativa, tem um caráter vigoroso, força de vontade e é decidida. Este indivíduo possui muita energia intelectual e gosta de atuar de modo independente. Toma decisões por si só e depois as informa ao cônjuge. Além disso, decide pelo cônjuge, tem prazer em satisfazer as necessidades do ser amado, porém à maneira própria de um Colérico/dominante. Se o cônjuge precisa de sapatos, o Colérico/dominante comprará os sapatos, porém, os que agradam a ele próprio, sem buscar saber quais são os desejos do cônjuge. Quando saem para comer fora, ele decide o lugar aonde irão e, se o cônjuge sugerir outro lugar, o Colérico/dominante o convencerá de que o escolhido por ele é o melhor, o mais conveniente.

É uma pessoa que responde rapidamente e é impetuosa. Não gosta das lágrimas e emoções do cônjuge e as vê como um ato ridículo. É independente, mas quer que o cônjuge dependa dele para tudo. Gosta que tudo seja feito da maneira que lhe agrada. Por isso, é uma pessoa que se enche de ira com muita facilidade, expressando sua indignação de forma verbal e física. Muitos Colérico/dominantes se veem envolvidos em problemas de violência doméstica e, como possuem habilidades de manipular o comportamento dos demais, sabem o que fazer para que o cônjuge maltratado sinta que a culpa pela ofensa (verbal ou física) é dele mesmo.

Quando tem a oportunidade de crescer em um lar cristão, com uma boa formação fundamentada em princípios familiares e cristocêntricos – com um entendimento claro do amor, da verdade e da justiça –, o Colérico/dominante em afetos pode aprender a dominar seus impulsos perniciosos e concentrar suas habilidades de líder na moderação e no domínio próprio. "Pois Deus não nos deu espírito de covardia, mas de poder, de amor e de equilíbrio" (2Tm 1.7).

Em cada Colérico/dominante em afetos, apesar de ser dominador, violento e agressivo, sempre há um potencial muito grande de um ser amoroso. Ele expressará suas habilidades de liderança nos pontos fortes do amor, da verdade, e não nos do controle violento e dominação. O Colérico/dominante, como cônjuge, é possuidor de uma série de qualidades peculiares que o tornam um ser defensor e protetor do que é seu, ou seja, de sua esposa ou esposo, com a fúria de um leão. É um bom provedor para as necessidades de sua família, ainda que faça isso de acordo com seus próprios termos.

2. Quando as pessoas se aproximam dele demonstrando amor e carinho, tende a dar as costas e sair de perto. Ele tem a necessidade de que o amor e o carinho lhe sejam demonstrados nos termos do Colérico/dominante. Geralmente, rejeita as relações mais profundas se suas condições não forem satisfeitas. Lembre-se de que a pessoa com este tipo de temperamento nasce para ser líder e parece ter poucas emoções e sentimentos fora dos traços de liderança. O Colérico/dominante, assim como as pessoas de outros temperamentos, necessita ativar e desenvolver os sistemas sensoriais não físicos. Da mesma maneira que se desenvolvem os cinco sistemas sensoriais, por meio dos quais se percebe e entende o mundo físico, é preciso desenvolver também os sistemas não físicos, para perceber e entender o sobrenatural, ou seja, o que existe fora destas limitações físicas, para que "aquele que tem ouvidos ouça o que o Espírito diz" (Ap 2.11).

3. O Colérico/dominante em afetos pode ser visto pelos outros como um egoísta, já que não lhe importam muito as necessidades emocionais dos demais, senão, unicamente, as metas e propósitos que têm para si mesmo. Os desejos e sentimentos dos demais não importam para ele. Sempre tende a satisfazer sua necessidade de exercer controle e autoridade sobre a vida e comportamentos dos demais, porém, sem que ninguém o controle. Isso acontece, principalmente, quando este indivíduo se move nos pontos fracos de seu temperamento. Podemos ver um exemplo claro do Colérico/dominante oscilando nas duas áreas da consciência (a fraca ou negativa e a forte ou positiva). Paulo enxergava Marcos como uma pessoa que não era digna de sua companhia, razão por que se irritou com Barnabé e se separou dele na segunda viagem missionária. Porém, movido na área dos pontos fortes do temperamento, isto é, do lado positivo da consciência, ele encarrega Timóteo de trazer Marcos porque lhe era útil para o ministério.

4. Os desejos e sentimentos do Colérico/dominante devem ser satisfeitos da maneira que lhe agrada, sem levar muito em conta os sentimentos e emo-

ções dos demais. Quanto maior percebe ser a intensidade de sua necessidade, menos lhe importam os sentimentos alheios. Quando alguém se aproxima mostrando sentimentalismo, o Colérico/dominante entende como algo ridículo e como uma debilidade pessoal. Se não lhe é permitido demonstrar os afetos à sua maneira, o Colérico/dominante tende a reagir com ira e demonstrar a raiva de maneira verbal e física.

Quanto dano foi inferido à consciência humana ao ser dividida entre consciência do bem e consciência do mal! É do lado da consciência do mal que se encontram enraizadas essas três forças motivacionais destrutivas, as quais chamamos culpa, vergonha e medo, as causas principais da distorção do amor verdadeiro. O amor pode ser vivido e entendido como um puro atributo, honesto e sublime. É engrandecido à medida que o ser humano dá a si mesmo como expressão desse amor. Contudo, isso só pode ser vivenciado do lado positivo da consciência, isto é, na área dos pontos fortes do temperamento. No caso de ser entendido e vivido do lado negativo da consciência, o amor é distorcido, confundido com egocentrismo e interesses pessoais.

5. O Colérico/dominante gosta muito de participar de atividades sociais em que pode exercer controle e autoridade e onde suas habilidades de bom líder são reconhecidas. É uma pessoa muito impaciente com os erros dos outros e dá respostas impulsivas. Ele exige submissão total e tem sérios problemas em perdoar. Tem a propensão de usar as pessoas com o fim de alcançar seus propósitos, principalmente, as de temperamentos mais fracos. Tende a ser o esposo e pai ideal, sempre que tudo seja feito dentro dos parâmetros que ele deseja.

Lembre-se de que, pelo fato de o temperamento ser genético, cada indivíduo pode manifestar infinitos traços temperamentais, mas sempre haverá um ou dois temperamentos dominantes em cada área. Uma pessoa colérica, nos afetos, pode ser mais gentil e carinhosa do que outra, por causa da influência de outros traços de temperamento. Além disso, é preciso levar em conta os outros fatores contribuidores no comportamento humano.

6. Devido à sua força de líder, torna-se difícil para o Colérico/dominante dizer o que sente ou pedir perdão, inclusive aos membros da família. Ele expressa o que quer e sente de forma verbal e corporal e tende a ser muito possessivo. Este comportamento, acompanhado da necessidade de controle, leva o Colérico/dominante a ter condutas inapropriadas, as quais são convertidas em veículos de violência, principalmente em lares não cristãos. O Colérico/dominante, como esposo, tende a ser pouco delicado ao tratar a família. Por sua impulsividade, pode chamar a atenção da esposa ou dos filhos em público, fazendo com que se sintam humilhados e ofendidos.

7. Inclina-se a ser muito dominante e controlador dos filhos. Organiza suas vidas conforme o desejo de fazer deles aquilo que sonha que eles sejam, sem levar em conta os desejos e sentimentos dos próprios filhos. Suas habilidades como líder são usadas como ferramentas dentro da família, a fim de motivá-los à ação, por isso obriga os filhos a fazerem as coisas da maneira que deseja que sejam feitas. Como pai, parece ter a resposta correta para todas as perguntas.

Estabelece as metas para a família focado nas que têm para si mesmo, sem levar em conta as capacidades, desejos e direitos dos demais membros familiares de estabelecer e realizar as próprias metas ou propósitos. Ele crê que sabe o que é melhor para os demais e, quando se trata da sua família, se torna ainda mais rigoroso. Demanda perfeição e fica impaciente diante da incapacidade dos demais. Muitas vezes, força os filhos além dos limites e não lhes dá oportunidade de descansar. A pressão do pai Colérico/dominante leva os filhos à depressão ou ao desespero, razão por que muitos filhos se valem de qualquer desculpa para sair do controle do pai e da casa paterna, o mais cedo possível.

8. Como já dissemos, o Colérico/dominante é muito perfeccionista e por isso é difícil para ele viver adequado às suas expectativas. Contudo, ele aceita a si mesmo, embora se reconheça imperfeito. O Colérico/dominante, do mesmo modo que todos os demais temperamentos, tem suas peculiaridades positivas. Quando a Palavra de Deus é aplicada para moderar seu comportamento, tal como está escrito: "Pois Deus não nos deu espírito de covardia, mas de poder, de amor e de equilíbrio" (2Tm 1.7), ninguém pode se igualar a ele na realização de seu dom ministerial do apostolado, já que ele pode abrir caminho onde não existe, escalar montanhas e alcançar picos que parecem impossíveis para outros. Ó profundidade da sabedoria divina que forma a raça humana aqui na terra, fazendo todos os homens biologicamente semelhantes, porém, colocando em cada um o espírito, expresso por meio dos temperamentos, o qual influencia na identidade, tornando-os distintos uns dos outros!

9. O indivíduo Colérico/dominante, nos afetos, desenvolve a linguagem de amor ao dar e receber presentes. Ele, inconscientemente, usa e vê isso de duas maneiras: ao dar um presente, ele está compelindo a pessoa e, quando o recebe, sente que é honrado e reconhecido como líder. Quando faz um favor ou dá algo, o faz sob coação a quem o recebe e, quando menos se esperar, cobrará o favor. Isso se torna mais visível nos não cristãos, que, ao chegar esse dia, dizem à pessoa coagida: "Preciso que me faça um favor... e lembre-se de que você me deve um".

Este dar e receber presentes também guarda uma conotação que ocorre somente nos iluminados pela luz do espírito. Mesmo no exato momento da realização de um casamento, se entrega e se recebe um anel como sinal de uma aliança, um pacto que somente encontra significado do lado dos pontos fortes do temperamento. Esse pacto foi projetado pelo Criador, porém, ao se distorcer o significado do verdadeiro amor, levou-se à consciência humana um conceito também distorcido do matrimônio. Tal distorção leva, por exemplo, as famílias com certa estabilidade financeira a se oporem a que os filhos se casem com pessoas que não têm nada ou muito menos que elas, sem avaliar os valores e princípios pessoais.

Os resultados dos pacientes Colérico/dominantes atendidos em nosso Centro de Aconselhamento Cristão Alpha indicam, que as pessoas com este tipo de temperamento são resistentes a procurar ajuda. Muitas vezes a buscam por obrigação, para atender a certos requisitos da sociedade, outras vezes para não perder o controle e a autoridade. Para ajudar este tipo de pessoa, é necessário levar em conta o ponto forte de seu temperamento. O Colérico/dominante desejará dizer ao conselheiro o que fazer e tentará tomar o controle da sessão de aconselhamento. A primeira coisa que o conselheiro deve fazer é estabelecer as normas das relações terapêuticas, a fim de definir claramente a diferença das funções entre o conselheiro e o aconselhado. Sabendo que o indivíduo com este temperamento é dirigido pelo poder, o qual expressa em controle e autoridade, o clínico deverá motivá-lo a ter domínio primeiro de suas emoções, sentimentos e reações para, posteriormente, estar mais capacitado a exercer poder sobre os demais.

É bom lembrar que o Colérico/dominante não participará de muitas sessões voluntariamente, motivo pelo qual se deverá aproveitar ao máximo as vezes que ele vier ao aconselhamento, a fim de ajudá-lo a realizar as mudanças desejadas rapidamente. Para essas pessoas, recomenda-se mais o *coaching* do que o aconselhamento, dependendo da natureza da necessidade de temperamento emocional ou social do indivíduo.

7

TEMPERAMENTO SANGUÍNEO/ EXTROVERTIDO, COM SEUS ATRIBUTOS, VIRTUDES, QUALIDADES E TENDÊNCIAS

El-Shaddai é o Deus Todo-poderoso (Sanguíneo/extrovertido). Primeiro vimos Deus como o *Elohim* perfeccionista e solitário, altamente inteligente e criativo. Após terminar seu plano perfeito da criação, dá lugar ao Senhor dos Exércitos, o qual vem executar e administrar os planos arquitetônicos de *Elohim*. O Senhor (Jeová) diz ao ser humano: "Por ter sido criado à nossa imagem e semelhança, você está em condições de receber e viver nossas leis e preceitos. Ao fazê-lo, demonstrará sua lealdade ao Altíssimo, a dignidade e glória que lhe foram conferidas e a honra de sua identidade. Tendo sido feito um pouco inferior aos anjos, fora dotado de maior glória que eles. De modo que eles próprios desejariam a sua honra."

E não é para menos. O grande sábio, arquiteto, designer e Criador não deveria impregnar a sua imagem e semelhança em outra criatura, senão naquela cuja estrutura fisiológica é simples como a dos animais, cujo funcionamento e comportamento são tão complexos, que ela não encontra outro com quem se assemelhar a não ser com o próprio Criador.

Sabemos que para estudos e pesquisas devem ser usados animais, por questões éticas, mas também precisamos entender que os resultados de tais estudos e pesquisas estão baseados no simples funcionamento da estrutura fisiológica, não na complexidade do funcionamento e comportamento do ser humano. Também não desenvolvemos tecnologia que nos permita analisar e interpretar os resultados de tais pesquisas, que possam tomar a imagem e semelhança do Criador como modelo de comparação com o estudo. Aqui é que a integração das ciências da psicologia e da teologia deve emergir, criando uma unidade muito forte, que seja tão inseparável e complexa como a própria natureza e o funcionamento do ser humano.

O Senhor (Jeová) dá leis e diretrizes ao ser humano exigindo-lhe obediência total se não quiser morrer. Esse ser ou força opositora chamada Satanás sabia que não podia destruir o ser humano, razão pela qual se valeu da artimanha para induzi-lo à rebelião e desobediência ao Criador, a fim de que o Divino cumprisse a promessa de destruí-lo como já havia estabelecido. Então, vem *El-Shaddai* e diz: "Como eu sou o Todo-poderoso, posso criar um plano que satisfaça a justiça de Jeová e continuar mostrando meu amor e misericórdia para com o ser humano." Assim, *El-Shaddai* revela seu plano perfeito, o qual não apenas satisfaz a demanda da justiça divina, mas também preserva a vida humana, "porque Deus tanto amou o mundo que deu o seu Filho Unigênito, para que todo o que nele crer não pereça, mas tenha a vida eterna" (Jo 3.16). Ó profundidade do amor e do conhecimento do Divino, quão profundos são seus pensamentos e quão perfeitas e maravilhosas são as suas obras!

Foi *El-Shaddai* que disse a Abraão: "Eu sou o Deus Todo-poderoso, anda em minha presença e sê perfeito" (ACF). Perfeito em amor, sendo este o atributo principal no qual *El-Shaddai* opera e se move. Sendo Todo-poderoso, é capaz de levar sua vontade e propósitos até o fim e essa determinação é salvar a humanidade, restaurando sua imagem e semelhança nela. É em *El-Shaddai* que o Altíssimo usa o poder do amor e o converte em generosidade, dizendo ao homem fracassado: "Eu sou o que sou, portanto, posso prover o resgate por ti e continuar te amando." Ó profundidade da sabedoria e amor de Deus em que *El-Shaddai* mostra sua grande inteligência, generosidade e desejos profundos de uma relação pessoal com o homem criado à sua imagem e semelhança.

Ele coloca no Sanguíneo/extrovertido esse dom maravilhoso do amor, com todos os pontos fortes e significado. O Sanguíneo/extrovertido se converte em uma pessoa orientada a relações pessoais, com uma necessidade intensa de se relacionar com outros. Gosta de estar nas festas e ficar rodeado de gente constantemente, deseja se aproximar de muitas pessoas para manter relacionamentos superficiais e, ao mesmo tempo, quer e necessita que muitas pessoas se aproximem dele. Quando um Sanguíneo/extrovertido entra em um grupo de pessoas, levanta o ânimo de todos os presentes. Injeta vida às reuniões, grupos e festas. Quando conta histórias e piadas é fascinante ouvi-lo, porque, com sua natureza carismática e emocional, consegue dar vida aos personagens de sua narração. É por isso que ele recebeu o dom ministerial do evangelismo. O Sanguíneo/extrovertido tem a tendência de ser impulsivo e indisciplinado. Não são indivíduos orientados a projetos e propósitos, mas a interagir com os demais. Quando toma uma decisão, seus sentimentos predominam sobre os pensamentos e reflexões.

Se, de um lado, o Melancólico/analítico é movido pela verdade e o Colérico/dominante, pelo poder, por outro, o Sanguíneo/extrovertido é movido pelo amor, que, ativado do lado positivo da consciência na área dos pontos fortes do temperamento, expressa os mais sublimes sentimentos, abrindo espaço para virtudes e dons como a fé, a bondade e a confiança. É um crescer dando-se a si mesmo e um desfrutar desse crescimento, em que se é visto como parte do todo e os interesses e propósitos do todo se colocam acima dos planos pessoais, dirigidos à felicidade tão desejada e buscada.

TEMPERAMENTO SANGUÍNEO/EXTROVERTIDO, EM INCLUSÃO

1. O indivíduo Sanguíneo/extrovertido, na inclusão, tende a ser uma pessoa muito ativa e extremamente extrovertida, com grande habilidade de comunicar verbalmente seu sentimento, com inclinação à impulsividade. Estes traços de seu temperamento e personalidade o movem a ser uma pessoa hiperativa, com tendência a exagerar as coisas. A impulsividade e a necessidade de relações pessoais levam o Sanguíneo/extrovertido a ser altamente responsivo a seus sistemas sensoriais (visão, olfato, audição, paladar e tato).

Este tipo de pessoa precisa de muita ajuda durante a infância, a fim de desenvolver sistemas neuroquímicos que lhe permitam manejar a inteligência, de forma mais organizada e efetiva. Seu alto grau de energia intelectual, a impulsividade e a necessidade de relações pessoais, se convertem em fatores de distração para este indivíduo, já que tende a se envolver em várias coisas ao mesmo tempo, reduzindo a efetividade de sua concentração: não terminou uma coisa quando em sua mente já está pensando ou fazendo outra.

Por exemplo, uma criança que está tentando ligar um objeto eletrônico na tomada, mas, ao mesmo tempo, vê um brinquedo que lhe chama atenção, ela deixa o objeto sem conectá-lo para correr em direção a tal brinquedo. Ou o caso de um estudante que, durante uma hora de exame, mantém os alertas auditivos no máximo, motivo pelo qual se distrai por qualquer ruído, inclusive o mais leve. Estes traços de temperamento o acompanham ao longo da vida. Quando chegam à adolescência, querem dar plena liberdade às suas necessidades de relacionamentos pessoais, portanto, preferem estar mais com os amigos que ficar em casa.

2. Este indivíduo é movido por dois dons principais, a saber: o amor e a misericórdia. Estes predicados, com outras qualidades do temperamento, o levam a ser mais orientado às relações pessoais e não a projetos e trabalhos

tediosos que o separam do contato direto com o público. É um excelente comunicador, orador e animador. É ele quem injeta vida aos grupos e às festas, motivo por que prefere falar em atividades sociais a trabalhar ou cumprir suas responsabilidades rotineiras.

Sendo alguém que geralmente apresenta emoções superficiais e impulsivas, tende a lidar com as adversidades da vida de forma precipitada, sem preocupação com a seriedade que os outros lhe dão, mesmo quando essa forma de proceder o leva a dificuldades mais sérias. Podemos citar como exemplo o caso de João, que tem 46 anos. De repente, dois detetives do Departamento de Polícia local batem à porta da frente de sua casa. Ao abri-la, os dois detetives se identificam e lhe dizem que desejam falar com João sobre seu filho Ernesto, de 16 anos, acusado de abuso sexual. Segundo o relato, Ernesto teria tido relações sexuais com Camila, dois anos mais nova. João conhecia Camila e sabia do relacionamento romântico entre ela e seu filho Ernesto.

Sem perceber a seriedade da acusação, João começa a rir sem conseguir parar, atitude que é interpretada pelos detetives como uma obstrução à justiça, delito que causa sua prisão. Na sala de interrogatório, João contesta de forma comprometedora, dizendo: "Senhores, que tanta importância é essa que vocês dão ao fato de um jovem de 16 anos ter tido relações sexuais com sua namorada? Vocês não fizeram o mesmo quando eram jovens? Vão me dizer que nunca fizeram até se casarem?" Neste exemplo, podemos identificar que João, com temperamento Sanguíneo, falou sem pensar e medir as consequências de suas palavras, pois não somente deu a entender que apoiava o comportamento de seu filho, por considerá-lo como algo normal, mas também questionou a integridade dos oficiais da polícia.

3. Os Sanguíneo/extrovertidos tendem a ser pessoas que reagem rapidamente e falam compulsivamente. Podem ser motivadas a passar noites inteiras contando piadas, tendo como estimulante a aprovação de seus companheiros. É alguém de humor agradável e alegre, características que manifesta por seu sorriso e forma de falar alto. É otimista e sempre gosta de ver o lado positivo das coisas. Concentra-se no hoje e vive um dia de cada vez. Para ele, ontem já passou e amanhã quem sabe virá. Então, por que se preocupar pelo que já passou, ou pelo que ainda quem sabe acontecerá? Tende a enfrentar a vida positivamente, sem medo do fracasso e se afasta daqueles que não compartilham de sua visão otimista.

4. Ao contrário dos introvertidos, os extrovertidos têm a habilidade de pensar ao mesmo tempo que falam. Isso leva o Sanguíneo/extrovertido a se envolver em situações sem pensar primeiro nos possíveis resultados, razão por que, mui-

tas vezes, o encontramos se lamentando pelos erros cometidos. Com a mesma facilidade que erra, também pede perdão, se esquece das ofensas quando as comete e também nas vezes em que é o próprio ofendido, exaltando assim seu dom de misericórdia. Os talentos do amor e da misericórdia estão nos temperamentos como qualidades distintivas dos seres humanos, porém, somente no Sanguíneo/extrovertido é que operam como os atributos que moldam a força de seu temperamento. Porque está escrito: "Bem-aventurados os misericordiosos, pois obterão misericórdia" (Mt 5.7). Graças a Deus que não afastou de nós, os seres humanos, sua misericórdia e não nos julgou segundo nossos atos, mas sim de acordo com sua benevolência, amor e misericórdia!

5. Pessoas Sanguíneo/extrovertidas são inclinadas à inconstância. Mudam de amizades e de parceiro com muita facilidade. Seus sentimentos são superficiais, o que lhes permite mudar os pensamentos com muita rapidez. Tendem a ser pouco consistentes. É comum desistirem ou mudarem de carreiras universitárias depois de um ou dois semestres, ou deixarem o emprego. A razão é que tendem a se aborrecer quando os estudos ou o trabalho se transformam em rotinas e deixam de representar desafios ou aventuras. Desenvolvem uma atitude aventureira que, muitas vezes, os colocam em situações de risco, ou os conduzem à prática de esportes radicais ou muito arriscados.

6. Sente-se motivado pela promessa de relacionamentos – não por coisas ou dinheiro. São capazes de manifestar comportamentos negativos para chamar a atenção, caso contrário, buscam os "holofotes" de outra maneira. O Sanguíneo/extrovertido é uma pessoa que se distrai e perde a concentração com grande facilidade. Durante a infância, pode desenvolver problemas de comportamento, razão por que é diagnosticado, com frequência, com Transtorno de Déficit de Atenção com Hiperatividade (TDAH). Tende a ser a criança que não se concentra no que o professor está dizendo e que sempre faz algo que chama a atenção dos demais, sendo geralmente chamado de "o centro das atrações".

As crianças com este tipo de temperamento requerem cuidados especiais durante a primeira idade escolar. Necessitam de professores e programas educativos que desafiem constantemente sua inteligência. Quando não se sentem desafiados, perdem facilmente a concentração e começam a distrair os demais. Estas crianças podem passar longas horas concentradas em videogames, desde que o jogo seja desafiador, porém, no momento em que conseguirem vencer todas as fases, perderão o interesse. Estas habilidades sanguíneas podem ser aproveitadas por um sistema educacional baseado no temperamento dos estudantes, que, desde pequenos, os ajude a desenvolver o potencial intelectual, psicológico e social, em vez de classificá-los como "crianças anormais" e lhes prescrever medicamentos que alterem o funcionamento neurológico.

7. Suas emoções se movem de acordo com seu pensamento. Uma pessoa sanguínea pode chegar em casa, após o trabalho, completamente esgotada, se sentar e dizer: "Não tenho ânimo para nada, quero somente descansar!". Mas, na realidade, basta um simples convite para uma festa para que renove as forças e esqueça o cansaço. É como se lhe injetassem energia. Isto se deve ao fato de que ele inclina-se à alteração de humor se mudar de ambiente, especialmente quando se trata de festas ou atividades sociais. Quando o Sanguíneo/extrovertido está inativo, torna-se ansioso e estressado. Muitos jovens com esse temperamento sofrem de depressão quando são castigados pelos pais e forçados a se isolarem dos amigos e do contato direto com as pessoas. A impulsividade e a necessidade de relacionamentos pessoais levam o Sanguíneo/extrovertido a ser altamente responsivo a seus sistemas sensoriais (visão, olfato, audição, paladar e tato).

8. O Sanguíneo/extrovertido, em inclusão, tem propensão a manifestar um temor severo à rejeição, razão por que desenvolve um grande interesse pela sociabilização, com o propósito de ser conhecido e ganhar aceitação por parte dos demais, em uma tentativa de superar sua pobre autoimagem. Para não ser rejeitado, ajusta-se às condições dos grupos, mesmo quando estas afetam seus valores e princípios morais. Em seu interior, este indivíduo oculta graves problemas de autoestima, mas os máscara sob a satisfação e o riso, que não o deixa levar as coisas a sério. Quando é questionado sobre algo pessoal, costuma se esquivar, desviando a atenção ou dando respostas com duplo significado, porém sempre apresentando o lado positivo das coisas. As crianças com este temperamento precisam de muita ajuda a fim de formarem uma boa autoimagem e autopercepção, que as permitam se valorizar em função do que são e não do que fazem.

9. Tende a ser uma pessoa explosiva e expressar a raiva ou ira de forma verbal, mas raramente em confrontações físicas. O Sanguíneo/extrovertido é a pessoa popular. Gosta muito de diversão e festas, razão por que aproveita mais o tempo saindo do que estando em casa. Como já mencionei, sua necessidade imperiosa de relacionamentos pessoais muitas vezes faz com que se torne pouco responsável, esquecendo-se das responsabilidades e compromissos relacionados ao trabalho. Para justificar sua irresponsabilidade, inventa todo tipo de desculpas, chegando até a repetir as mesmas histórias. Porém, sua capacidade extraordinária de convencimento lhe permite "dar um jeito", mesmo que isso não ocorra em todos os casos. Ó Sanguíneo/extrovertido, é tão alegre e diver-

tido que, com seu humor, alegra o coração de muitos, mesmo quando o seu necessita ser confortado!

Quando essa pessoa, na inclusão, descobre os pontos fortes de seu temperamento e os dons que orientam sua vida, pode fazer mudanças e ajustes em seu modo de pensar, sentir e reagir aos estímulos internos e externos. Isso lhe permitirá permanecer na área forte de seu temperamento, dando lugar a que *El-Shaddai* acione os estímulos internos que motivarão sua vida, para andar pelo caminho do sucesso, pois nossos pensamentos geram sentimentos e estes, por sua vez, geram os comportamentos.

Quando conhecemos bem esta estrutura e seu funcionamento, podemos nos envolver, de maneira mais efetiva, na formação ou transformação do caráter, fazendo morrer em nós as características não desejadas e acrescentando ao nosso caráter as almejadas. "Por isso mesmo, empenhem-se para acrescentar à sua fé a virtude; à virtude o conhecimento; ao conhecimento o domínio próprio; ao domínio próprio a perseverança; à perseverança a piedade; à piedade a fraternidade; e à fraternidade o amor" (2Pe 1.5-7). Certamente, esta conquista demanda dedicação e sacrifício.

TEMPERAMENTO SANGUÍNEO/EXTROVERTIDO, EM CONTROLE

1. A grande quantidade de energia intelectual, suas habilidades expressivas e sua grande necessidade de relacionamentos pessoais movem o Sanguíneo/extrovertido em controle, a desenvolver um dilema de personalidade nesta área, que o mantém entre a dependência e independência. Por um lado, sente a necessidade de estar dirigindo e controlando a vida dos demais e, por outro, quer ser controlado. É como o pêndulo do relógio. Quando se move de um lado sente a necessidade desse lado independente e, ao se mover para o outro lado, sente a necessidade de dependência. Por exemplo, às vezes ele sente a necessidade de telefonar e procurar seus amigos, de querer saber como estão, o que fazem e, em outras ocasiões, precisa que os amigos liguem para ele, o procurem, demonstrando que se interessam por ele. Isso coloca o Sanguíneo/extrovertido, no controle, em uma posição muito suscetível à frustração, já que pode se render e aceitar a rejeição ou a falta de interesse dos demais por ele, respondendo com decepção e depressão. Mas pode insistir na luta e reagir com ansiedade, dedicando mais esforços e maior intensidade para obter os fins desejados.

Estima-se que, na sociedade americana, há 2% de Sanguíneos/extrovertidos na área do controle. Felizmente, a maioria dessa porcentagem são de homens, porque esse dilema de personalidade seria mais notável na mulher, devido às suas condições e ciclo menstrual com suas mudanças hormonais.

2. Sua extroversão o move a ser uma pessoa hiperativa que pode tomar decisões e responsabilidades, sem analisar as consequências, às vezes motivado até pela busca de reconhecimento, pois deseja constantemente a aprovação dos demais, temendo a rejeição. Porém, quanto mais decisões e responsabilidades assume, mais se motiva à autoindulgência e à falta de persistência nas decisões tomadas. Embora seja muito carinhoso com os membros da família, pode descuidar de suas responsabilidades familiares para ajudar ou agradar os amigos.

3. Tende a ser moldado pela necessidade de amor, afetos e aceitação. Além disso, pode ser muito carinhoso, bondoso e gracioso. As pessoas do tipo Sanguíneo/extrovertido em controle, durante a infância, necessitam da ajuda dos pais bem treinados nos temperamentos e no comportamento humano para ajudá-las, desde os primeiros anos, a formar autoconceitos saudáveis e descobrir seus dons e qualidades pessoais, a fim de que possam focar a energia intelectual no desenvolvimento de seu potencial inato.

Se for ensinado a dominar efetivamente as emoções, a energia intelectual e a necessidade de relacionamentos pessoais, o Sanguíneo/extrovertido pode manter a concentração no que faz e chegar a ser um grande líder da comunicação. Porém, se desenvolver-se sem a formação adequada, tende a apresentar sérios problemas de concentração na idade adulta, onde sua mente se encontra presa entre a multidão de ideias que fluem ao mesmo tempo, criando pressões para verbalizar tais ideias com facilidade. Esta intensa energia mental reduz a necessidade de sono. Consequentemente, muitos Sanguíneo/extrovertidos preferem as noites para atividades sociais.

4. Demonstram uma grande necessidade de dar e receber atenção. Muitas vezes, fazem as coisas para atrair os olhares dos demais. Podem ser pessoas carismáticas, carinhosas, que inspiram confiança nos outros, inclinados a serem grandes comunicadores. Recebem o dom ministerial do evangelismo e uma habilidade extraordinária de convencimento. É o evangelista que promove os grandes avivamentos. Vemos isso no caso de Pedro, onde seu poder de palavra e persuasão foi tão grande que quando ele e os discípulos, no Pentecostes, foram acusados de estar bêbados, aproveitou para assumir a posição de evangelista e, assim, pregar a sua primeira mensagem, a qual trouxe como resultado três mil novos convertidos.

Na área industrial, o Sanguíneo/extrovertido, em controle, é o grande líder de *marketing*, capaz de vender algo que não é necessário ao comprador. A tarefa de alegrar e entreter as pessoas recai sobre o Sanguíneo/extrovertido. De modo que o grande sábio, o Criador, colocou em cada temperamento os dons,

TEMPERAMENTO SANGUÍNEO/EXTROVERTIDO, COM SEUS DONS, VIRTUDES, QUALIDADES E TENDÊNCIAS

virtudes e qualidades de um determinado tipo de liderança, para satisfazer as necessidades humanas. O desenvolvimento e o uso desses talentos e virtudes dependerão de cada pessoa.

5. O Sanguíneo/extrovertido é uma pessoa popular que gosta muito de diversão e festas. Sua necessidade de relacionamentos pessoais o leva, muitas vezes, a se tornar pouco responsável. Regozija-se mais em estar na rua do que em casa. Esquece-se das responsabilidades de trabalho e, para escapar do problema, cria desculpas e repete histórias.

Lembre-se de que ele recebe o dom ministerial do evangelismo. Possui uma capacidade extraordinária de convencer os demais, porque, quando fala, dá vida às suas palavras. Quando as pessoas desse temperamento, no controle, se movem nos pontos fortes, abrem-se espaços para a autotranscendência, à busca do significado da vida para poder ver, ainda que nos momentos mais catastróficos, algo positivo e digno de louvor. O Sanguíneo/extrovertido em controle consola os enlutados, alegra os de coração triste, anima os desalentados e comunica boas-novas aos rejeitados pela sociedade.

6. Na área vocacional, nasce para ser o líder nas relações públicas e tudo que tenha relação com o contato com o público. Desenvolve-se bem em profissões como jornalismo, comunicação, assistência social, relações públicas e desempenha muito bem os papéis de animador de programa de televisão e rádio, de humorista/comediante. Na igreja, é evangelista pelo dom divino. Como são movidos por relacionamentos pessoais, não dão muita importância ao trabalho e se aborrecem com grande facilidade, o que faz com que mudem de emprego com muita frequência. É importante enfatizar que o temperamento não é comportamento. O comportamento, mesmo quando se apoia no temperamento como uma das colunas principais, também é influenciado por vários outros fatores, incluindo, mas não se limitando, aos valores culturais, sociais, morais e religiosos, para citar alguns. Cada ser humano é um ser único e, embora fisicamente possa haver parentesco, no comportamento cada um é totalmente diferente.

7. Quanto à adaptabilidade, o Sanguíneo/extrovertido inclina-se a responder positivamente às novas situações sociais se elas não desviarem seu foco de atenção e orientação positiva. Esta pessoa se preocupa mais pela orientação social da situação, do que por sua natureza. Suas respostas emocionais tendem a ser fortes e superficiais. A intensidade do estímulo social parece desencadear uma série de modificações sensoriais, que geram respostas comportamentais igualmente intensas, se os estímulos se moverem dentro do quadro positivo dessa pessoa. Porém, ele responderá com a mesma intensidade, negativamen-

te, a tudo que se opuser à sua orientação e propósito. O Sanguíneo/extrovertido, no controle, tende a rejeitar a solidão, e se torna ansioso ou se deprime quando é forçado à inatividade.

8. Como mencionei anteriormente, este indivíduo tende a ser a pessoa popular. Expressa uma grande quantidade de comportamentos e emoções de alegria, prazer e amizades. Igualmente, tende a se achar contrário aos comportamentos e emoções negativas. Quando são jovens, podemos ouvi-los dizendo que as salas de aula os aborrecem e tecendo comentários negativos sobre cada um dos professores.

Pelo seu alto nível de energia intelectual, a força do dom do amor e a necessidade de relacionamentos pessoais, demonstram que são indivíduos muito suscetíveis aos estímulos externos do ambiente, os quais interferem no nível de concentração e dedicação. Os estímulos externos e o meio ambiente causam maior impacto que os estímulos pessoais internos na pessoa deste temperamento.

Temperamento Sanguíneo/extrovertido, em afetos

1. Geralmente, possui emoções superficiais e impulsivas. Aprecia e tem necessidade de se relacionar com muitas pessoas simultaneamente, mas não gosta de assumir compromissos nos relacionamentos e, quando age assim, tende a fazê-lo por aprovação, pois busca constantemente a aceitação dos demais. Se não aprendeu na infância a manejar suas emoções corretamente, quando chegar à idade adulta, será difícil para o Sanguíneo/extrovertido estabelecer os limites de comportamentos sociais apropriados, desenvolvendo assim a necessidade de acompanhar as palavras expressas com alguma mania, como falar e tocar nas pessoas, falar e gesticular com as mãos ou outra forma de linguagem corporal.

2. O Sanguíneo/extrovertido, em afetos, manifesta e necessita de uma grande quantidade de emoções e expressões de amor e demonstrações de afeição. Ele tem a habilidade de estabelecer e manter relacionamentos pessoais com muitas pessoas ao mesmo tempo, inclusive, em suas relações sexuais. É difícil para a pessoa de temperamento introvertido satisfazer as demandas sexuais do Sanguíneo/extrovertido, nos afetos, daqui se origina a expressão "se unir em jugo desigual" (2Co 6.14). Como já ensinamos, o temperamento não muda. Cada um nasce e morre com ele. Embora haja pouquíssimas pessoas com temperamentos puros, ou seja, que tenham o mesmo modo de ser e agir nas três áreas: inclusão, controle e afetos, existem temperamentos para os quais se torna muito complexo manter relacionamentos íntimos por muito tempo.

Quando os indivíduos dessa categoria se unem em matrimônio com pessoas de temperamentos fortes e difíceis de satisfazer, podem desenvolver a tendência ao divórcio. Os irmãos cristãos me dirão: "Deus pode mudar os temperamentos." Eu lhes responderei: "Claro que pode, porém não o fará, porque ele é o que dá o temperamento a cada um, segundo o chamado e propósito da pessoa." Geneticamente, podemos dizer que o temperamento é herdado, porém, teologicamente sabemos que o Divino articula os genes de acordo com sua vontade, para que cada temperamento responda aos chamados e dons, dentro dos planos e propósitos divinos.

3. Esta pessoa manifesta o toque físico como linguagem de amor. Portanto, necessita de muitas expressões físicas e afetivas, como segurar as mãos, dar abraços, beijos e carícias. Mesmo quando falando com amigos, tende a usar o toque físico como uma reafirmação às suas expressões verbais. O chamam popularmente de "o que não sabe falar sem tocar no outro", porque gosta de falar e tocar. O indivíduo deste temperamento desenvolve uma sensibilidade muito alta e responsiva ao toque físico. Alguns deles expressam popularmente: "Sou daqueles que me tocam e eu pego fogo." Quando é movido na área dos pontos fortes do temperamento, pode chegar a ser uma expressão do amor de Deus para com os humanos, *porque Deus derramou seu amor em nossos corações* (Rm 5.5), um amor que fomenta a verdade, a confiança, a paz, a bondade, a benignidade etc. Porém, quando movido na área das debilidades temperamentais, tende a se envolver em paixões desordenadas, orgias, lascívias e em tudo que desvirtua o amor verdadeiro. Desse lado da consciência opera o espírito *porneiros*, palavra grega que significa "desvirtuar do amor verdadeiro".

4. Ao ser possuidor do dom do amor, precisa muito dar e receber amor e afetos, necessidade que o leva, muitas vezes, a se tornar pouco fiel e leal com o ser amado, devido à intensidade de sua carência. Possui uma alta tendência a confundir seu carisma com amor *eros*. Esta pessoa necessita ter uma definição e um conceito claro do que é o amor, porque, se não o fizer, tende a usar este dom na área negativa, onde o verdadeiro significado é distorcido, embarcando assim na sensualidade e nas paixões desordenadas.

5. O Sanguíneo/extrovertido, em afetos, tende a ser muito emotivo e atua com base nas emoções do momento, sem pensar nas consequências de suas palavras ou ações. Sua fácil distração o torna muito vulnerável aos estímulos externos e ambientais, criando assim um contraste entre a natureza de seu atributo do amor e a orientação a relacionamentos pessoais. Por causa dos dons de amor e misericórdia, diferentemente de outros temperamentos, é uma pessoa compassiva e sente uma necessidade imensa de ajudar os demais.

Essa grande vontade de ajudar pode levá-la, ocasionalmente, a ultrapassar seus limites de comportamentos e responsabilidade, sendo capaz de sacrificar as necessidades dos seus para ajudar os demais.

6. Seu humor e suas emoções oscilam de acordo com o que vai em sua mente. Os pensamentos positivos movem seu humor em direção ao topo da espiral, enquanto que os negativos o deslocam para a base. Sendo um extrovertido, esse indivíduo pensa ao mesmo tempo em que fala e está mais preocupado com o mundo exterior que o rodeia, do que com seu próprio universo interior. Para o Sanguíneo/extrovertido em afetos, as atividades sociais, como as festas, são como geradores de energia que o atraem e revitalizam. Tem prazer ao se reunir e socializar com pessoas que compartilham seu ponto de vista – sobre como reagir positivamente e com entusiasmo diante das adversidades –, do mesmo modo que rejeita aquelas que não compartilham sua maneira de pensar.

7. Costuma ser uma pessoa muito carinhosa. Se a felicidade consistisse somente de afetos e carinho, ninguém teria mais capacidade do que o Sanguíneo/extrovertido de ser e fazer feliz aos demais. É muito amoroso e afetivo, popular e alegre. Sempre está disposto a alegrar o ambiente a qualquer preço. Não gosta de levar as coisas a sério, nem sequer os próprios relacionamentos matrimoniais. O Sanguíneo/extrovertido se regozija sonhando acordado e tende a ser pouco consistente. Gosta de viver um dia de cada vez, não para evitar as preocupações do amanhã, mas porque não é muito amigo do trabalho e das responsabilidades. Lembre-se de que o Sanguíneo/extrovertido é movido pelas relações pessoais, não pela orientação ao trabalho.

Geralmente desenvolve poucas habilidades administrativas, razão por que necessita de uma pessoa administradora ao seu lado para triunfar na vida. É um pai amistoso com os filhos, porém, ao mesmo tempo, pouco responsável com eles, pois pode deixar o filho esperando em sua festa de aniversário porque simplesmente ficou com os amigos. Pode esquecer as consultas médicas ou outros compromissos importantes de seus entes queridos, já que tem dificuldade de dizer "não" aos pedidos dos amigos.

8. Tende a ser uma pessoa inspiradora. Muitos cristãos creem que, desde o Pentecostes, a intervenção do Espírito Santo transforma as debilidades dos temperamentos, de modo que não afetam o trabalho na obra de Deus. Como resultado de nossas observações, concluímos que não é assim, pois embora seja certo que o Divino é poderoso para fazer conosco o que quiser e como quiser, também é certo que o Altíssimo busca nossa colaboração voluntária para produzir em nós "tanto o querer quanto o realizar, de acordo com a boa vontade dele" (Fp 2.13).

Precisamos conhecer nossos pontos fortes e submetê-los à boa vontade do Senhor Deus, para agir nas áreas positivas de nossos temperamentos e, desta forma, fazer morrer em nós a negatividade e a área de nossa consciência do mal, "pois é necessário que aquilo que é corruptível se revista de incorruptibilidade, e aquilo que é mortal, se revista de imortalidade" (1Co 15.53). Ao contrário do Colérico/dominante, no Sanguíneo/extrovertido os dons se entrelaçam da seguinte maneira: O *amor* é a energia que leva o aparato psíquico a desenvolver mecanismos para relações pessoais e interpessoais satisfatórias, de modo que ele viva a **vida** no vínculo da **paz**, gerado pelo **poder da verdade**.

9. O Sanguíneo/extrovertido, em afetos, utiliza o contato físico como um veículo poderoso para expressar seu amor, afetos e emoções. O pegar as mãos, abraçar e beijar são os meios que usa para demonstrar o amor conjugal. Claro que estes mesmos meios são usados por pessoas de outros temperamentos, porém não com a intensidade que necessita o Sanguíneo/extrovertido. Há células perceptivas espalhadas por todo o corpo. Quando uma pessoa é tocada em um desses lugares, as células transmitem o impulso por meio do sistema de comunicação neural até o cérebro, onde se interpreta o impulso do toque. O toque físico pode produzir impulsos que sejam interpretados como expressão de carinho e afeto e assim fomentar e fortalecer as relações amorosas, mas também pode produzir impulsos que sejam interpretados como de raiva, ira, dor, vergonha etc. e, desta forma, estimular o distanciamento e até o rompimento de relações.

Um corpo, ao ser tocado, pode produzir diferentes tipos de impulsos e, por conseguinte, diferentes tipos de sensações, até mesmo naqueles em que a linguagem do amor seja o toque físico. O impulso causado por este toque depende muito do estado de consciência no qual se encontra a pessoa tocada e do que significa para ela a pessoa que a está tocando. No caso, em um momento de crise, o abraço de um ser querido transmite uma sensação de proteção e segurança, mas o abraço de um desconhecido, ainda que seja bem-intencionado, causa outro tipo de sensação.

Ó misericórdia que desces do alto, do sublime, perfeito e puro, para se manifestar aos seres humanos escondidos nas trevas da miséria humana. Desces para abrir os olhos aos cegos e mostrar a porta de escape desse oceano tormentoso, onde prevalece o roubo, a destruição e a morte. Misericórdia que por misericórdia abre a porta a um paraíso de vida abundante, onde a luz brilha iluminando os olhos do entendimento dos simples, dos humildes, os quais, com singeleza de coração, recebem as novas da salvação, abrindo assim a porta do talento dado ao Sanguíneo/extrovertido, que é o amor!

O ser humano foi criado por amor e é produto deste, mas, muitas vezes, carece desse amor, o qual não causa dano e que cobre multidão de pecados. Amor que somente pode ser visto quando os olhos são iluminados e as virtudes do temperamento são ativadas do lado positivo da consciência humana. É importante ter em mente que os seres humanos expressam seus sentimentos e se comportam da forma que aprenderam. Para o Sanguíneo/extrovertido é muito positivo identificar e descobrir seus atributos, virtudes e qualidades, a fim de romper esquemas passados negativos e traumáticos, ajudando-o a formar uma autoimagem e autopercepção apropriadas, com base em tais dons, virtudes e qualidades.

É necessário ensiná-lo a se valorizar pelo que é e não pelo que faz. Sua necessidade de ter relações interpessoais o leva a se valorizar em função da aceitação e valor que os outros lhes atribuem, fazendo, por isto, grandes esforços para ganhar a aprovação externa. Quando aprende a ser ele mesmo e a gostar de si pelo próprio valor, aprende a utilizar mais efetivamente seus recursos pessoais internos.

8

TEMPERAMENTO FLEUMÁTICO/ PACIENTE, COM SEUS ATRIBUTOS, VIRTUDES, QUALIDADES E TENDÊNCIAS

Sob o nome de *Adonai Shalom* (Fleumático/paciente), o Divino se posiciona como o que tem relacionamento pessoal com os demais e mantém a paz com base em um poder que excede a todo poder. O título *Adonai*, o Senhor, significa "amo ou esposo". O Senhor, o verbo, "se fez carne" e veio habitar entre as criaturas (seres humanos), para estabelecer a paz entre elas e seu Criador, o que se obtém por meio da fé, porque "tendo sido, pois, justificados pela fé, temos paz com Deus, por nosso Senhor Jesus Cristo" (Rm 5.1).

O Senhor Jesus é descrito como amo – o Adonai Shalom, "pois ele é a nossa paz, o qual de ambos fez um e destruiu a barreira, o muro de inimizade, anulando em seu corpo a lei dos mandamentos expressa em ordenanças. O objetivo dele era criar em si mesmo, dos dois, um novo homem, fazendo a paz" (Ef 2.14-15). Ao indivíduo Fleumático/paciente foi dado este atributo da paz como força orientadora, a qual molda seu comportamento e vida.

Essa paz é uma virtude que se entrelaça com todas as outras virtudes e qualidades, criando um estado de calma, paz e segurança no indivíduo, para com ele mesmo e em sua relação com os demais. Todos os outros temperamentos têm a paz como qualidade, porém, o Fleumático/paciente a tem como um dom e virtude. O que é a virtude? Como a fé é "a certeza daquilo que esperamos e a prova das coisas que não vemos" (Hb 11.1), a virtude é o poder para se conseguir o que confiamos obter; é o poder para trazer aqui e agora o que cremos ou aquilo em que confiamos.

O nome *Adonai* ensina que existe uma relação entre o Criador no céu e as criaturas na terra, vínculo que se identifica com a do esposo com sua esposa. Este dom da paz é o meio para vincular o homem espiritual e psicológico ao ser humano natural e fisiológico. É essa virtude que combina as características, qualidades, crenças, valores e cognição de um e outro, para criar um funcionamento harmonioso entre o abstrato e o físico. É dentro dessa harmonia que o débil e simples humano pode progredir e superar os limites da percepção e compreensão da ciência. Pode exercitar as faculdades do homem espiritual e psicológico, para alcançar feitos que ultrapassam a destreza humana normal na realização de milagres e expressar verbalmente coisas além do entendimento humano, ao falar em outras línguas desconhecidas.

Estes são fatos que podemos tentar ignorar, mas nunca deles se esquivar, pois se manifestam há milhões de anos e continuam se revelando entre nós, mesmo em meio aos avanços tecnológicos e científicos. Até agora, não foram desenvolvidos instrumentos que nos permitam analisar a ação dessas energias ou forças no momento da intervenção espiritual, mas isso não significa que não as tenhamos.

Neste temperamento, o Divino intervém como a paz, que surge da verdade, a qual abre espaço para a fé e a confiança. Portanto, a verdade, a fé e a paz facilitam o brotar espontâneo do amor, para se viver no poder que flui dele.

Temperamento Fleumático/paciente, em inclusão

1. O indivíduo Fleumático/paciente, em inclusão, parece ter pouca flexibilidade emocional. Aparenta atuar como introvertido e como extrovertido. Geralmente, mostra emoções moderadas – pouco entusiasmado e concentrado em si mesmo. É regido pela paz e pela justiça, o que o leva a ser um bom observador das coisas injustas, embora tenha dificuldade de se envolver em suas soluções, a menos que seja convidado e, em muitos casos, comprometido. Evita assumir responsabilidades para não se envolver social ou emocionalmente. Não gosta de forçar os demais para impor sua vontade; simplesmente diz o que pensa que é conveniente, porém não a impõe.

É a pessoa que melhor se associa com todos os demais temperamentos. Tem a habilidade de lidar com muita facilidade com pessoas de temperamentos fortes. As forças de suas motivações são moldadas pelo dom da paz. Quando a pessoa fleumática/paciente em inclusão, é conduzida pelo espírito de *Adonai* – de paz –, ela desenvolve a qualidade da paciência moderada, para esperar serena e tranquilamente a realização de seus sonhos, ou as promessas que lhe tenham sido feitas. Contudo, ao mover-se na área das debilidades de seu temperamento, sua qualidade de paciência se torna meio destrutiva para ele mesmo e para os demais, chegando a ser alguém que não presta atenção e a quem as coisas pouco lhe importam.

2. Tem muita energia intelectual, porém a reação é lenta, precisa que os outros lhe deixem agir no seu ritmo. Até mesmo em seu funcionamento men-

TEMPERAMENTO FLEUMÁTICO/PACIENTE, COM SEUS ATRIBUTOS, VIRTUDES, QUALIDADES E TENDÊNCIAS

tal, o indivíduo Fleumático/paciente em inclusão tende a reagir depois dos fatos, isto é, muitas vezes não responde no momento preciso, mas sim alguns minutos mais tarde. Por exemplo, depois de uma conversa, reage dizendo a si mesmo: "Eu devia ter dito tal e tal coisa, mas já é tarde."

O indivíduo Fleumático/paciente é mais orientado ao trabalho e aos objetivos do que às relações pessoais. Não demonstra grandes necessidades de socialização e, para ele, dá no mesmo agir como introvertido ou extrovertido, sempre que estiver dentro dos limites da moderação fleumática. Parece se sentir confortável com a solidão, da mesma forma que também aparenta ficar tranquilo em grupos, especialmente se forem pequenos ou moderados. Tende a ser muito reservado quanto à comunicação de seus sentimentos pessoais. Por esse motivo, expressa ou se deixa conhecer unicamente no que lhe parece necessário.

3. Quanto às relações pessoais, o Fleumático/paciente em inclusão pode se associar a grupos, mas não tem muitos relacionamentos íntimos. Isto porque todo o seu reagir orienta-se pela paz e pela justiça. Ele não gosta de exercer muito controle sobre a vida e os comportamentos dos demais, assim como não lhe agrada que outros o controlem. Tem muita paciência: possuem capacidade de realizar trabalhos tediosos e chatos, que demandam precisão e atualidade, tais como o de pesquisadores, juízes, assistentes de pesquisadores, contadores e, sobretudo, seu dom ministerial, que é o pastorado. Devido a seus atributos de paz e justiça, são inclinados a tornarem-se os melhores juízes de que se tem notícia. Geralmente, é um ser automotivado, motivo pelo qual é difícil ser incentivado pelos outros. Ele não responde à promessa de remuneração nem à ameaça de castigo.

4. O indivíduo Fleumático/paciente, em inclusão, tende a focar em si mesmo. Pode levar outras pessoas à irritação e ira com seu humor seco, calma e atitude de satisfação pessoal, o que é facilmente interpretado pelos demais como um ato de egoísmo de sua parte. Porém, a realidade é outra. Cognitivamente, ele é movido para funcionar com base em um planejamento. Se algo não estiver programado, ele não dará muita importância. É por esta razão que em muitas vezes nas quais os Fleumáticos/pacientes em inclusão são convidados para algumas atividades, costumam se recusar ou evitam dar uma resposta, mesmo quando gostariam de participar, porque, para eles, é muito difícil abandonar os planos e trajetórias que têm em mente.

5. Manifestam reações lentas, justamente como sugere o nome pelo qual são conhecidos. Seu estado de lentidão faz-se mais notório à medida em que o dia avança. A pessoa desse tipo de temperamento, em inclusão, parece receber

muitas influências do meio ambiente natural. Se o tempo estiver nublado, o Fleumático/paciente em inclusão tende a perder a energia, o que acentua sua lentidão. Ele gosta muito de dormir enquanto chove. A vida familiar com o Fleumático/paciente em inclusão é um pouco difícil, porque é dirigido por propósitos e não por emoções. Tende a gerar energia psíquica quando dorme, daí ser fácil para ele tirar uma soneca de 30 minutos no meio dos afazeres diários.

Muitas vezes sente que seu corpo está esgotado, mesmo que, mentalmente, se sinta muito bem. Ele é o contrário do indivíduo Melancólico/analítico, que pensa muito e sente o cansaço mental. Por outro lado, após o trabalho, o Fleumático/paciente pode chegar em casa completamente cansado e sem energia até mesmo para beijar a esposa. Porém, se lhe for permitido dormir alguns minutos, despertará com mais disposição. É o tipo de pessoa que pode cochilar dez minutos, ainda que sentado e despertar após este período exato sem que alguém o tenha despertado. Nesse período breve de sono, recebe a energia necessária para continuar com suas atividades.

6. O Fleumático/paciente em inclusão tende a reagir tomando como base a orientação pessoal e não os estímulos e sentimentos dos demais. Não gosta de se envolver socialmente, embora possa fazê-lo muito bem, especialmente em grupos pequenos, onde não há necessidade de exercer muito controle sobre a vida e os comportamentos dos demais. O grau de energia de suas respostas é, geralmente, inferior ao nível das pessoas com outros temperamentos. Seu dom de paz e outras qualidades de seu temperamento, como a moderação e a justiça, fazem com que seja uma pessoa de fácil adaptação diante de qualquer circunstância. Isso se deve ao fato de ser orientado a metas e projetos. Tende a dirigir suas energias e foco à natureza de tais metas e não às circunstâncias adversas que podem se apresentar.

7. Inclina-se a ser moderado em toda sua reação e não parece se preocupar muito com o sentimento dos demais. Isso o converte em um indivíduo aparentemente egoísta, preocupado consigo mesmo e, muitas vezes, desinteressado pela vida e comportamentos dos outros. Porém, em sua opinião, ele é justo. Quando está motivado ou tem interesse em realizar algo, costuma ser disciplinado e eficiente ao ponto da perfeição. Ainda, o Fleumático/paciente aparenta ser indeciso, porque tende a demorar para fazer algo ou tomar decisões. Não se sabe ao certo se ele faz isso porque é indeciso por natureza, ou porque é naturalmente lento em seus movimentos. Esta indecisão aparente pode ser explicada porque é uma pessoa muito prática, ou simplesmente pelo fato de que tomar decisões – muitas vezes fora do programado – lhe consome energia. Porém, quando já configurou algo em sua mente, é muito difícil fazer com que mude de opinião.

8. O indivíduo Fleumático/paciente, em inclusão, tende a ser uma pessoa programada e organizada. Prefere a rotina em vez de aprender e conhecer coisas novas que demandem energia e esforço. Movendo-se pelo atributo da paz, se converte em um ser pacificador e extremamente calmo. Não é fácil para outros lhe tirar do controle.

Quando o indivíduo Colérico/dominante busca pressioná-lo para que agilize sua reação, o Fleumático/paciente, simplesmente para e lhe diz: "Faça-o você!". Ou, se está dirigindo na estrada com sua lentidão característica, o Fleumático/paciente responde às pressões para que ande mais rápido vindas do motorista que vem atrás, abrindo-lhe caminho e continuando em sua velocidade de costume.

Parece que seus movimentos lentos somente lhe permitem ativar um sentido por vez. Quando está processando um pensamento em sua mente e alguém fala com ele, geralmente responde depois que acabou de fazer a "conferência" de tal pensamento. Esta condição, no Fleumático/paciente, tende a se confundir com sintomas de déficit de atenção. Há muitas crianças tomando medicamentos para déficit de atenção quando o que estão manifestando, verdadeiramente, é uma condição fleumática, a qual necessita ser tratada com a terapia de temperamentos para ajudá-las a se conhecer e moldar seus comportamentos segundo os propósitos e metas de vida.

9. Geralmente, o Fleumático/paciente em inclusão é uma pessoa evaziva, que não se preocupa em dar ou receber muita atenção. Sua necessidade moderada lhe permite dizer expressões como: "Tanto faz se gostam de mim ou não"; "Eu vivo minha vida, não me importa o que os demais pensam e dizem... isso é problema deles." Tende a interpretar o mundo e o que nele há dentro dos parâmetros pessoais, sem valorizar muito o que os outros possam pensar. Quando se move na área das debilidades temperamentais, o Fleumático costuma se converter em alguém pouco interessado no mundo que o rodeia, buscando assim criar os próprios parâmetros de vida, rompendo os esquemas que são normais para outros e chegando até a situações de descuidar da própria higiene – muitas crianças e adolescentes fleumáticas/pacientes descuidam até da higiene bucal.

O dom da paz ativado no lado negativo conduz o Fleumático/paciente a um pacifismo perigoso, em que perde interesse pelas coisas que motivam os outros de sua idade, podendo, inclusive, adotar uma atitude de indiferença como se nada lhe importasse. Quando movido na área dos pontos fortes do temperamento, usa a paz como um modo de dizer: "Deus está presente", motivando os relacionamentos sadios e harmoniosos consigo mesmo e com os demais.

Temperamento Fleumático/paciente, em controle

1. O Fleumático/paciente, em controle, tende a ser uma pessoa moderada em sua maneira de pensar, sentir e reagir aos estímulos internos e externos. Associa-se muito bem a indivíduos que necessitam de controle moderado sobre sua vida e comportamento, já que ele também aceita esse nível de monitoração na própria vida. Quando se trata de motivação, o Fleumático/paciente é uma pessoa automotivada, razão por que não é estimulado ou motivado com pressões nem promessas.

2. Tende a ser uma pessoa difícil de ter a sua opinião mudada, o popularmente chamado de "cabeça-dura". Quanto mais fortemente tentam persuadi-lo a mudar a forma de pensar, mais resistente se torna. Às vezes, ele pode aceitar as sugestões e opiniões dos outros, porém quando estes viram as costas, o Fleumático/paciente em controle volta a fazer as coisas de sua maneira. É uma pessoa difícil de controlar, pois quando alguém pensa que o tem nas mãos, ele escapa como o sabonete quando estamos no banho. As qualidades deste temperamento, no controle, foi o que ajudou José a escapar das mãos da mulher de Potifar, quando ela pensou que o tinha preso, ele simplesmente fugiu deixando suas roupas nas mãos dela.

Esta pessoa funciona de acordo com sua programação mental e não busca se ajustar às circunstâncias, mas controlar a ocasião a seu favor. Esta é uma das qualidades que o capacitam a ser um bom pastor, um homem que vive com uma agenda mental e que não muda suas metas e propósitos por contingências ou estímulos externos. Se o Fleumático/paciente em controle descobre que o comportamento de outros causa algum impacto negativo em sua vida, lentamente começa a esfriar os relacionamentos e a afastar-se das pessoas, muitas vezes sem comunicar a intenção ou a razão para tal afastamento.

3. Frequentemente demonstra insegurança, o que o conduz à procrastinação. Sua grande necessidade de paz e justiça, além da incerteza do mundo que o rodeia, possibilita ao Fleumático/paciente, em controle, desenvolver certo nível de insegurança desde a tenra idade. Isto ocorre porque na área mais profunda de seu ser – isto é, no espírito – sabe que nasce para viver em paz e ser pacificador. Em contraste com a natureza deste dom, o mundo lhe apresenta um ambiente hostil, demandador e exigente.

Por causa disso, ele tende a esperar pelo desenrolar dos acontecimentos antes de tomar decisões. Essa grande necessidade de paz pode levá-lo a ceder diante dos desejos dos demais, a fim de evitar confrontos e disputas. Se, para viver em paz e evitar discussões, é preciso dar razão a quem não tem, assim ele procede. É o tipo de pessoa que, se colocada em uma disputa por um paletó, ele deixará o paletó e a camisa também. No caso de um divórcio ou separação, ele é a pessoa que deixa tudo para o cônjuge unicamente com o objetivo de terminar a relação em paz.

4. O indivíduo Fleumático/paciente em controle raramente participa de algo que o desvie de seus propósitos. Tende a ser pouco emocional e com um senso de humor pouco flexível, onde predomina a calma e a paz. Recebeu o dom ministerial do pastorado como o pastor que é capaz de dar sua vida pelas ovelhas, mas que não as obriga a fazer sua vontade. É a pessoa que mostra ao outro o que deve ser feito, porém que não o pressiona a fazê-lo.

Sua tendência justiceira lhe permite estabelecer julgamentos justos, mesmo quando isso significar ir contra os próprios familiares e parentes. O dom da paz o capacita a ser o pacificador por excelência, o mediador das partes em conflito. É sob este atributo que o Deus-homem se faz mediador entre o Altíssimo – justo, puro, santo e sublime – e os seres humanos submergidos no poço do desespero e da miséria. Por intermédio da cruz, estabelece a paz e a harmonia entre ambos.

5. É difícil tirar o indivíduo Fleumático/paciente de seu controle e levá-lo a sofrer explosões emocionais como sentimentos exagerados ou manifestação de raiva. Ele sempre honra seu atributo como um ser pacífico. Dentro de seu complexo mundo psíquico, ele necessita vincular a paz as suas virtudes, qualidades e características, a fim de experimentar essa sensação de segurança que lhe permite se mover eficientemente na realização de seus projetos.

Ele pode se mover fora destas condições quando é forçado, mas não com a mesma eficácia e excelência, porque nesse caso, tende a oferecer exclusivamente o que lhe foi exigido e não o melhor que pode. Este é um tipo de comportamento que ele começa a exteriorizar desde a infância, gerando um mau hábito que destrói as próprias habilidades de autodesenvolvimento, tanto na área cognitiva como na área de interação social.

6. O indivíduo Fleumático/paciente, em controle, tende a lidar muito bem com os sentimentos e emoções, rechaçando a carga de amargura ou a sensação de culpa pela incapacidade de perdoar, porque ele simplesmente deixa que cada qual leve a sua própria carga. Quando alguém busca seu perdão por alguma ofensa cometida contra ele, ele tende a responder como se não houvesse se apercebido da ofensa, ou como se simplesmente não fora nada. Como é automotivado e centrado em si mesmo, mostra interesse nos sentimentos, emoções e assuntos dos demais quando representam algum benefício para ele. Quando as conversas se dirigem a pontos pouco interessantes para ele, tende a cortá-las. E faz isso com grande facilidade, com simplicidade, mudando o

tema, o qual muitas vezes é interpretado por seus interlocutores como uma falta de interesse nas emoções e sentimentos dos outros.

7. Este é o temperamento que melhor se associa com todos os demais temperamentos. O indivíduo Fleumático/paciente tem a capacidade de se associar com as pessoas de temperamentos fortes. Põe um freio no indivíduo Colérico/dominante, fazendo-o saber que não o tirará de seu controle nem de seu ritmo lento de ação. Faz o Melancólico/analítico saber que ele respeita seu desejo de desfrutar o tempo de solidão sem interferências, do mesmo modo que aprecia o seu. Desafia o Sanguíneo/extrovertido a se mover na vida por propósitos e objetivos e não somente por sentimentos e emoções do momento. Dirige o Supino/submisso de maneira hábil e moderada, dizendo que pode ajudá-lo a tomar decisões e indicar o que deve fazer, porém tem de agir inteligentemente, escutar e aprender, sem perguntar a mesma coisa várias vezes.

8. O Fleumático/paciente, em controle, é um indivíduo calmo, que lida facilmente com pessoas que não estejam emocionalmente cansadas e que não mostrem sentimentos exagerados nem furiosos. Demonstra pouca concentração, razão por que muitas crianças fleumáticas/pacientes são diagnosticadas com Distúrbio de Déficit de Atenção (DDA). Porém, a realidade é que não prestam atenção quando não têm interesse no tema que está sendo discutido. Se ela se desenvolve em um lar instável, onde não consegue a paz tão necessária em sua vida, sua calma interna se converte em um mar de tormento, chegando a refletir comportamentos explosivos e violentos – às vezes, por coisas insignificantes.

Durante a infância, costuma implicar e incomodar os irmãos, perturbando-os ou tirando algo de suas mãos. Quando é confrontado acerca de seu comportamento, simplesmente diz: "Eu não fiz nada", mesmo quando os pais foram testemunhas do fato. Este é o caso em muitos lares na América do Norte, principalmente aqueles com filhos de pais divorciados. Essas crianças Fleumático/pacientes, quando se movem na área das debilidades temperamentais, são propensas a descuidar das responsabilidades pessoais, das tarefas escolares e das atividades domésticas, alegando, sem qualquer sentimento de culpa, que se "esqueceram" de fazê-las; porém, muitas vezes é possível comprovar que não se esqueceram de nada. Usam a desculpa somente como mecanismo de defesa para justificar seu descuido.

Estas crianças tendem a cometer muitos erros por não prestar atenção ou dar importância ao que fazem. Lembre-se de que o espírito inimigo ativa a consciência do mal e que tal consciência se reflete na área de debilidades temperamentais. É preciso agir com misericórdia e amor para entender as pessoas nessas condições e ajudá-las com o auxílio do Espírito de Deus, para que abram a porta da área das fortalezas temperamentais, onde tenham condições de desenvolver o potencial de filhos do Altíssimo.

9. Tende a ser um grande líder em grupos pequenos e em grandes corporações, dependendo da influência das características de outros temperamentos. Costuma ser bom observador, paciente e analítico. Prefere trabalhar e demonstrar com atos o que crê e diz. É muito bom para tarefas tediosas que necessitam de precisão. É uma pessoa inclinada a ser bom trabalhador na produção rotineira e vive e age em função da programação, necessitando planejar mentalmente o que fará no dia seguinte.

Parece gerar energia psíquica quando dorme, razão por que, quando se sente esgotado, sem importar a hora do dia, precisa cochilar por alguns minutos. Ao despertar, cinco ou dez minutos mais tarde, já energizado, está pronto para prosseguir nos afazeres do dia. Ó complexidade do ser humano, que faz com que o temperamento que tem o dom da paz, necessite de paz para se revitalizar, pois isso é o que faz quando dorme!

Temperamento Fleumático/paciente, em afetos

1. O indivíduo Fleumático/paciente, em afetos, tende a sentir e demonstrar necessidade moderada de dar e receber amor e afeição. Esta necessidade lhe permite fazer tudo à sua maneira e no tempo que desejar, envolvendo-se em relacionamentos com pessoas que atendam às suas expectativas. Manifesta as qualidades de sua orientação a metas e projetos, até mesmo em suas relações matrimoniais, já que, inconscientemente, se questiona que sentido tem fazer algo sem propósito.

É algo maravilhoso quando podemos estudar e entender os temperamentos, pois encontramos vários casais com sérios problemas matrimoniais e, ao avaliar a situação, descobrimos o fato de que muitos cristãos Fleumáticos/pacientes em afetos influenciados pelas doutrinas de suas denominações, ou de outra convicção religiosa, têm crido de forma errônea que as relações sexuais são apenas para procriar. Então, diante da impossibilidade ou do não querer procriar, perdem o interesse pela atividade sexual, deixando o cônjuge com essa necessidade insatisfeita. Muitos homens se autodiagnosticam com problemas de impotência sexual e muitas mulheres são chamadas de frígidas, porém, quando recebem a ajuda correta para modificar esses processos cognitivos, se dão conta de que não existia impotência alguma no homem, tampouco frigidez na mulher. Com certeza, é necessário avaliar cada caso individualmente, já que podem existir razões múltiplas para os transtornos sexuais.

2. As reações na vida da pessoa fleumática/paciente em afetos, estão centradas em sua programação mental, razão pela qual gosta muito de planejar tudo, até quando e quantos filhos terá. Tende a ser uma pessoa que age e responde com base em sua programação e projeção, de tal maneira que, se você convida um Fleumático/paciente de última hora para qualquer atividade, ainda que ele queira realizá-la, com certeza não aceitará, porque conscientemente não se programou para fazer tal coisa. Por isso, vemos os Fleumático/pacientes apresentando qualquer tipo de desculpa para rejeitar um convite feito de supetão. Ele tem habilidades para improvisar, porém, raramente o faz, devido à energia que precisa gastar para tal improvisação.

3. O Fleumático/paciente, nos afetos, somente estabelecerá e manterá relacionamentos pessoais profundos com pessoas que cumpram seus requisitos. Sua linguagem de amor é o tempo de qualidade e não dá muita importância aos desejos e sentimentos dos demais. É uma pessoa de sentimentos e emoções moderadas. Esta forma de agir do Fleumático/paciente confunde os demais, já que, diante de situações, eventos e comportamentos em que outros expressariam abertamente suas emoções, ele mostra pouca motivação. Por exemplo, quando se celebra a festa de aniversário de um Fleumático/paciente, sua esposa e amigos esperam vê-lo feliz, desfrutando daquele momento e expressando suas emoções de gratidão pelos presentes recebidos. Ele a expressa, porém, à sua maneira, com um simples "obrigado", mostrando pouca intensidade em sua reação de agradecimento. Contudo, nessa mesma situação, um Sanguíneo/extrovertido reagiria com gargalhadas e manifestações de alegria.

4. As atividades sexuais do Fleumático/paciente são programadas conscientemente e inconscientemente. Assim sendo, é difícil responder de maneira positiva a uma demanda sexual que não esteja em sua programação. A pessoa com esse tipo de temperamento tem a habilidade de conseguir que os outros se conectem emocionalmente com ela, sem que ela própria se envolva. Basta apenas começar a manifestar interesse pela outra pessoa e, com sua amabilidade e gestos de gentileza, consegue que a outra pessoa se envolva emocionalmente. No entanto, se esta não atender aos requisitos, o Fleumático/paciente simplesmente assegurará nunca ter dito que estava interessado nessa pessoa.

Como se movem centrados em si mesmos, essas pessoas podem lidar com facilidade com situações adversas e com aqueles indivíduos que lhe são hostis. Não lhes importa muito como os recebam ou tratem, contanto que se interessem por seus projetos e propósitos. Ele se programa mentalmente para fazer seu trabalho e nada mais, sem se preocupar muito se seu superior imediato gosta dele ou não.

TEMPERAMENTO FLEUMÁTICO/PACIENTE, COM SEUS ATRIBUTOS, VIRTUDES, QUALIDADES E TENDÊNCIAS

5. O Fleumático/paciente em afetos, como esposo(a), é uma pessoa moderada no modo de agir, de amar e de expressar seus sentimentos. Conduz todas as coisas com calma e pensa que o tempo é o melhor remédio para muitas feridas emocionais. Sente paz e detesta as disputas e as desavenças, a tal ponto que prefere perder a discutir, porque tem a certeza de que o tempo lhe dará a razão. Pode ser bom esposo, amante e carinhoso, se não for pressionado e puder se mover no próprio ritmo. Também pode aprender novas formas de amar e mostrar afetos se lhe for dado tempo de qualidade. Visto que se inclina aos princípios de justiça e paz, tem grande tendência a ser um esposo fiel, mesmo quando o cônjuge não mereça, porque não o faz por ele(a), mas para não violar e respeitar esses mesmos preceitos.

Quando assume a posição de introvertido, necessita de tempo de solidão e precisa se concentrar em uma coisa de cada vez. No Fleumático-paciente em afetos, cada uma das áreas de associações cerebrais ligada a cada sentido, leva tempo para processar os impulsos sensoriais recebidos, independentemente das outras áreas. Enquanto isto acontece, ele concentra a atenção em si mesmo, por isso, muitas vezes é questionado e não responde, como se não houvesse escutado, porém, mais tarde, depois de terminar seu processo psíquico, reage à pergunta que lhe foi feita.

6. O Fleumático/paciente em afetos, como pai, é dedicado a seus filhos, porém sem rigidez, não gosta de impor sua vontade. Ele espera que o filho faça algo e este não faz, ele é capaz de executar a tarefa pelo filho, só para não ter de discutir. É um tipo de pai que gosta de levar a vida em paz, faz isso a qualquer preço, tanto nas relações de pai e filhos, como com seu cônjuge. Quando atua como introvertido, é reservado e pensa muito. Algumas vezes pensa em dizer algo e não diz, mas espera que a pessoa atue como se ele houvesse dito e espera que o outro faça o que ele pensa ter dito. Quanto mais conflitivas se tornarem as relações, mais reservado será o Fleumático/paciente em afetos, o qual chega a passar dias sem falar com o outro cônjuge, se isso for necessário.

7. Ele sente prazer em relações amistosas superficiais, desenvolvendo-as de modo frio e distante. Para ele, vale sempre a máxima: "Somos amigos, mas não me visite sem antes avisar." Não gosta das surpresas. Alguém que tenta agradá-lo dando um presente estará completamente equivocado, pois mesmo em suas festas de aniversário não parece ser motivado por presentes. Como não gosta de se sentir em dívida com ninguém, se alguém lhe faz um favor, procura recompensá-lo de algum modo.

8. Tem a habilidade de se associar bem com pessoas que lhe demonstram muito amor e afetos, mas também com aquelas que não lhe manifestam amor

e carinho. Pode até mesmo tolerar calmamente indivíduos que o rejeitam e que lhe são hostis. Não faz isso por gostar de sofrer, mas porque a hostilidade do outro não o desviará de suas metas e propósitos. É uma pessoa reservada e raramente expressa seus sentimentos e emoções. Tende a ser uma pessoa de humor irônico, um tipo de humor que normalmente irrita os que estão à sua volta.

9. A linguagem de amor do Fleumático/paciente em afeto é o tempo de qualidade, o qual necessita para si mesmo. Significa dizer que ele precisa de um período sozinho, para reorientar todo seu mundo psíquico, em virtude de seus atributos de paz e justiça. Neste tempo, consegue se sentir bem consigo mesmo e em condições de compartilhar esta paz com seus entes amados. Do mesmo modo, requer tempo de qualidade com seu cônjuge, onde toda a atenção de um seja para o outro, onde ambos se permitam entrar em suas áreas emocionais para ver como o outro vê e sentir como o outro sente; na área social, necessita desse período específico para descobrir as necessidades sociais e procurar satisfazê-las de modo aceitável para os dois; na área afetiva, para mensurar a necessidade de dar e receber carinho e afetos e equipar-se das ferramentas para suprir essas carências reciprocamente, criando assim, relações harmoniosas no vínculo da paz e do amor.

Ó bendita paz, tão buscada e desejada e, ao mesmo tempo, rejeitada! É uma paz que irrompe no tormentoso oceano psíquico do homem para lhe mostrar a porta que conduz a tal paz. É estabelecida e mantida por um poder que excede todo poder, para mantê-la não pela força e pela opressão, mas pelo domínio do convencimento e do amor. É uma paz que só se encontra quando o ser humano é iluminado para atuar na área das fortalezas temperamentais, para permitir voluntariamente que *Adonai Shalom* seja o inspirador que opere no Fleumático/paciente, "tanto o querer quanto o realizar, de acordo com a boa vontade dele" (Fp 2.13). Esta paz irradia na consciência, se manifesta em uma vida saudável e frutífera, tanto para o Fleumático/paciente como para os outros. É a paz que necessita da verdade para se manifestar em confiança e bondade.

10. Em relação ao aconselhamento, o Fleumático/paciente em afetos tem dificuldade de buscar ajuda e, quando a busca, é resistente às mudanças. Graças a Deus que poucas pessoas são de temperamento puro, razão pela qual o Fleumático/paciente em afetos, combinado com outros temperamentos, se torna mais flexível para buscar e aceitar apoio. Todos os nossos pacientes quando nos buscam em nosso centro de Aconselhamento Alpha, é prioritário que na primeira sessão de terapia se realize o teste de temperamentos, onde estabele-

cemos o relacionamento terapêutico e o paciente se identifica com o resultado psicométrico do teste.

O clínico deve estar muito atento às reações do indivíduo, a fim de estabelecer conexões que despertem interesse no paciente, não somente em ser ajudado, mas também em participar ativamente do processo terapêutico. Quando consegue entender que seu funcionamento psíquico segue uma série de normas que são ativadas na consciência, o Fleumático/paciente em afetos se automotiva. Elas não somente o animam a participar do processo, mas também a assumir seu controle, ajudando o clínico a estabelecer objetivos específicos, a fim de obter os resultados esperados. Lembre-se de que não é por força nem pela própria necessidade de mudar que ele se envolverá no processo de tal mudança, mas pela convicção de tal necessidade.

9

TEMPERAMENTO SUPINO/SUBMISSO, COM SEUS DONS, VIRTUDES, QUALIDADES E TENDÊNCIAS

Vejamos, por último, o temperamento Supino, o servo do Senhor (submisso). Este temperamento Supino/submisso soará como algo novo para muitos, porém, na realidade, não o é, porque tem sido estudado desde os anos 1950. Alguns na comunidade científica têm dificuldade de aceitar este temperamento como tal e o veem como o transtorno da personalidade dependente. A maioria dos testes para determinar o perfil de personalidade se concentra nos quatro temperamentos tradicionais. Outros, nessa mesma comunidade, defendem o temperamento Supino/submisso, já que o veem com seus dons, virtudes e qualidades peculiares.

O termo Supino/submisso vem de um verbo transitivo em latim que indica a figura de uma pessoa deitada de barriga para baixo, com os membros inferiores e posteriores de um jeito tal, que as palmas das mãos ficam em um sentido totalmente oposto, voltadas para cima. Supino, na forma de adjetivo, indica aquele que descansa sobre seu corpo com as mãos para fora, voltadas para cima. Sua raiz vem do latim *supinus*, que tem somente duas formas verbais: acusativo e ablativo.

Descreve exatamente a função do servo do Senhor, aquele que veio para levar todas as acusações da humanidade e somente falar em nome daquele que o enviou. Visto que ele é a Palavra encarnada, pôs sua vida totalmente a serviço de seu Senhor, em benefício da humanidade. Por esta razão, o Supino/submisso é dotado de qualidades sobrenaturais para a obediência e o serviço. *Elohim* criou o humano em perfeição, muito bom, razão por que o Senhor (Jeová) podia lhe dar leis estritas que, em caso de não cumprimento, teria de enfrentar a morte. Mas, *El-Shaddai*, derramando-se ele mesmo em tal criatura, não devia destruí-la, porque carrega sua imagem e semelhança.

Do mesmo modo, *Adonai Shalom* vem para estabelecer a paz e a harmonia, não somente entre as divindades, mas entre as divindades e a humanidade. O servo do Senhor vem e ocupa o lugar do homem em estado de condenação, tomando ele mesmo a condenação humana e levando-a em seus ombros para crucificá-la na cruz. Assim é satisfeita a demanda de justiça do Senhor (Jeová), cumprindo Cristo a lei no lugar do ser humano e trazendo a humanidade para essas relações de paz com seu Criador e mantenedor, da mesma forma que o Divino *tornou-se carne e viveu entre nós* (Jo 1.14), mostrando-nos o exemplo para viver uma vida humana saudável e agradável, tanto para com Deus como para com nossos semelhantes.

Faz-se necessário, portanto, que cada um de nós conheça e desenvolva os atributos, virtudes e qualidades contidos no temperamento para viver essa vida saudável e agradável. É no servo sofredor que o Divino manifesta sua vontade para com os homens, que se expressa na reabilitação do humano psicológico e espiritual, com a ativação dos sentidos espirituais, a fim de sentir, perceber e entender esse mundo espiritual, o qual não podemos observar com nossos olhos condicionados a ver somente o material e físico.

Pode-se pretender ignorar, mas nunca escapar do fato de que esse mundo espiritual exerce influência direta no mundo físico. Com o avanço da neurociência, abre-se a porta para que a ciência possa desenvolver instrumentos que verifiquem tal influência, analisando o modo pela qual afeta o funcionamento fisiológico na realização de curas. Em certos casos, os médicos chegam a determinar que já não há nada a fazer e, de repente, o paciente entra no processo de recuperação da saúde, rejuvenescendo tecidos e órgãos – até o momento, inexplicável – a que denominamos "milagre".

É vontade do Criador que o ser humano cresça em conhecimentos e sabedoria, para que, ao se tornar tudo o que pode ser, exerça domínio e controle de seu corpo físico, de tal modo que possa saber qual órgão específico deve fortalecer a fim de levar à autossanidade naturalmente. Claro que isso se fará dentro dos parâmetros de cada temperamento e dentro dos propósitos do Criador para cada um de nós.

TEMPERAMENTO SUPINO/SUBMISSO, EM INCLUSÃO

1. Este temperamento, como o nome indica, orienta-se às relações pessoais. De fato, tem uma grande necessidade de se relacionar com muitas pessoas, embora desenvolva poucas habilidades para expressar seus desejos e sua vontade. Isso converte o Supino/submisso em alguém que é extrovertido, mas que atua como introvertido e que assim se exprime, porém respondendo como um extrovertido com poucas habilidades expressivas.

É preciso entender que cada temperamento contém um grupo de atributos, virtudes, qualidades e tendências que capacitam o indivíduo a responder satisfatoriamente aos propósitos para os quais foi criado. Se cremos na soberania divina, temos de entender que cada ser humano vem a este mundo com propósitos específicos. É importante reiterar que, sendo o temperamento genético, a pessoa pode carregar vários traços temperamentais menores, porém, sempre haverá um ou dois temperamentos prevalentes em cada área de expressão. Deve-se considerar que o temperamento não é o comportamento humano, ainda que influa fortemente nele.

2. O Supino/submisso, em inclusão, é uma pessoa com muita energia intelectual, mas, devido à baixa habilidade de expressão e pouca determinação, frequentemente se encontra em situações sociais de solidão e frustração. Durante sua infância, sofre com os companheiros de escola que batem nele e o perseguem, mas não possui a habilidade de expressar seus sentimentos e menos ainda de responder agressivamente. Esta é a criança que sofre agressões de companheiros de classe e que chora, sem ser capaz de retribuir os golpes ou de se defender. Quando chega à idade adulta, continua sofrendo nas mãos dos outros, pois tem medo de comunicar o que sente devido ao temor severo da rejeição. O Supino/submisso espera que os outros descubram suas necessidades de socialização e que, de certo modo, "leiam sua mente" e se aproximem dele. Caso isso aconteça, este tipo de temperamento responde muito bem socialmente.

3. A pessoa com esse temperamento é a que corresponde melhor à figura da ovelha, tão mencionada no Livro Sagrado. Tende a ser uma pessoa indefesa e dependente do cuidado de um bom pastor. É aquele "pobre de espírito", o qual necessita ser consolado de seu pranto ao não poder se expressar, aquele com "fome e sede de justiça" por conta das injustiças e hostilidades que sofre no mundo. No Antigo Testamento, vemos o Supino/submisso desempenhando suas funções de serviço e obediência – primeiro no nazireu e mais tarde nos eunucos. Os únicos propósitos do eunuco eram serviços e obediência. Na mentalidade hebraica, o eunuco era considerado uma árvore seca, mas Deus promete recompensá-lo e honrá-lo por seus serviços, "pois assim diz o Senhor: 'Aos eunucos que guardarem os meus sábados, que escolherem o que me agrada e se apegarem à minha aliança, a eles darei, dentro de meu templo e dos seus muros, um memorial e um nome melhor do que filhos e filhas, um nome eterno, que não será eliminado'" (Is 56.4-5). Parece que estes Supinos/submissos puros formam o grupo dos 144.000 mencionados no capítulo 14 de Apocalipse.

4. Tende a ser muito fiel e leal ao seu Senhor e a seus entes amados. Contudo, devido à pobre habilidade expressiva, tem grandes dificuldades para tomar decisões, o que o leva a desenvolver uma vida de codependência e, nesta condição, não vive conforme suas vontades, mas de acordo com a vontade do outro. O Senhor Jesus, atuando como Supino/submisso, disse ao Pai: "tudo te é possível. Afasta de mim este cálice; contudo, não seja o que eu quero, mas sim o que tu queres" (Mc 14.36). Este tipo de pessoa concentra toda a atenção em cumprir os propósitos de sua vida, entendendo que uma vida sem objetivos é como um viajante sem direção.

5. O grande temor de ser rejeitado impede o Supino/submisso de avançar nas situações sociais. Devido à sua inabilidade expressiva, as pessoas que interagem com ela precisam ser muito sensíveis e cheias de compaixão. Graças a Deus que pouquíssimas pessoas são de temperamentos puros – e a maioria traz consigo temperamentos compostos; significa dizer que uma pessoa pode ter até dois temperamentos por cada área de necessidade. Quando as virtudes do Supino/submisso se mesclam com as de outro temperamento, ele se torna habilitado a desenvolver as virtudes desses outros temperamentos, porém sempre dentro dos parâmetros de suas qualidades de obediência e serviço aos demais – virtudes que deveriam estar em todos os seres humanos, a fim de serem mais compassivos e misericordiosos e menos violentos e opressivos.

6. Por sua débil vontade expressiva, o Supino/submisso necessita que adivinhem suas necessidades. Porém, a sociedade de hoje vive na velocidade dos tempos, o que dificulta encontrar muitas pessoas que interagem com os demais de modo simultaneamente sensível e compassivo. Isso leva o passivo/submisso a se esconder em sua frustração e solidão. Muitas vezes, pensa que não pertence a esta sociedade e se questiona sobre o que acontece com ele e por que não pode ser agressivo como os demais, que são capazes de expressar o que querem e lutar pelo que desejam.

Os atributos com que conta o Supino/submisso são a obediência e o serviço, os quais – acompanhados das qualidades de fidelidade, lealdade e gentileza – fazem deste Supino/submisso, em inclusão, uma pessoa que desfruta a verdade e que gosta muito de interagir com os demais no vínculo da amizade, honestidade e genuinidade.

7. Possui muita energia intelectual, é analítico e bom pensador. Tende a ser motivado de três maneiras. A primeira é pelas ameaças de castigo, inclusive a de ser deixado sozinho, o que teme seriamente, por sua grande necessidade de ajuda para tomar decisões. A segunda é mediante promessas de remunerações.

A terceira maneira mais bem sucedida de motivar o Supino/submisso é reconhecendo seus trabalhos e fazendo-o se sentir importante.

O Supino/submisso pode mudar de comportamento com o objetivo de alcançar reconhecimento e aprovação, ou seja, para evitar o castigo. Tende a ser muito positivo e reage muito bem às recompensas emocionais, tais como aceitação, manifestação de carinho e elogios. No entanto, pode se irritar quando não recebe o devido reconhecimento por seus serviços, porque interpreta esse fato como se tais serviços não fossem suficientemente bons e vê isso como um fracasso pessoal.

8. Seu humor parece ser movido por duas fontes principais. A primeira é o humor, que acompanha seu processo de pensamento. Se o pensamento for negativo, a espiral de seu humor se dirige para baixo; se positivo, a espiral se dirige para cima. A segunda fonte é o meio ambiente. Se está em um ambiente feliz, este lhe causa felicidade, tal como se o pessoalizasse. A mudança de ambiente, por via de consequência, contribui para a alteração em seu humor. Se o ambiente se tornar pesado e negativo, a insegurança e a desconfiança o cercam. Contudo, se o ambiente for alegre, positivo e lhe der boas-vindas, o Supino/submisso desfrutará da alegria desse ambiente.

9. A pessoa com este temperamento, em inclusão, não tem a agressividade comum dos demais para expressar os sentimentos, lutar pelo que quer ou reclamar seus direitos. Tem dificuldade de entender por que as pessoas mentem e enganam umas às outras. Inclina-se a ser uma pessoa de espírito gentil e amável. Nenhum outro temperamento o supera nestas qualidades. Tão pouco entende o comportamento agressivo e violento das demais pessoas. A realidade é que em seu mundo mental ele vê, processa as sensações e as interpreta a partir da obediência, amabilidade, gentileza e amor para servir aos demais.

O mundo agressivo e violento que criamos, onde reina o egoísmo e os interesses pessoais, acaba sendo cruel para a pessoa com este temperamento. Há outra coletividade à qual haveremos de chegar como filhos do Altíssimo: uma sociedade baseada na verdade, confiança e paz, onde reina o amor com todo seu esplendor, onde a obediência, a gentileza e o amor ao serviço encontram sua expressão máxima. Logo, faz-se necessário ao Supino/submisso, como a todos os demais temperamentos, esperar com paciência o dia de tal redenção, "na esperança de que a própria natureza criada será libertada da escravidão da decadência em que se encontra para a gloriosa liberdade dos filhos de Deus" (Rm 8.20-21).

Temperamento Supino/submisso, em controle

1. O indivíduo de temperamento Supino/submisso, em controle, tende a ser muito especial e único. Na área de tomada de decisões e responsabilidades, tem dificuldade de assumir, sozinho, as decisões rotineiras do viver cotidiano. Precisa de uma pessoa de confiança que o ajude não somente a tomar as decisões, mas a compartilhar as responsabilidades do peso dessas resoluções. Tende a buscar alguém em quem colocar a carga das decisões, criando assim uma inclinação muito forte rumo à dependência. Infelizmente, o mundo não é bondoso com os Supinos/submissos: ele os maltrata e os rejeita quando são crianças e também quando são adultos. Aqueles que têm temperamentos fortes os dominam e abusam deles até o ponto de conduzi-los à ansiedade e à depressão.

2. Ele expressa pouquíssimo controle sobre a vida e comportamentos dos demais, mas precisa que outros exerçam grande controle sobre sua vida e comportamentos. Ele prefere apoiar e seguir os líderes em vez de assumir a liderança. Recebe o dom ministerial do ensino e é a área em que melhor se desenvolve, já que os educadores – tanto no ambiente religioso como no secular – geralmente seguem planos educacionais já projetados. Estas pessoas se desenvolvem e crescem na liderança, à medida que vão dominando a área e vão recebendo os reconhecimentos devidos.

3. Tende a desenvolver grande habilidade para servir tanto como sócios em negócios, bem como em relacionamentos profundos, porém precisa ser valorizado por qualquer serviço que faça. Pode se enfurecer se não for elogiado por seus serviços, embora raramente expresse seu descontentamento ou reclame seus direitos. Este tipo de pessoa precisa nascer e crescer em um lar bem-estruturado, que o motive a desenvolver a autoconfiança e suas habilidades sociais para poder expressar seus sentimentos e emoções. Necessita crescer e viver em um lar onde não seja forçado a estabelecer mecanismos de defesa para se adaptar às circunstâncias, mas a identificar e fomentar seus atributos e virtudes para ser ele mesmo e não desejar imitar os demais. Precisa formar uma autoestima saudável e criar uma boa autopercepção, com base em seus dons e virtudes. Isso o ajudará a se desenvolver na vida com maior segurança, como o caso da mulher virtuosa que lemos em Provérbios 31.10-31.

4. Não possui muita determinação. Muitas vezes, quer dizer não para algo, mas não sabe como expressar sua negativa, razão por que na vida se vê fazendo coisas para outras pessoas que não desejaria executar. Esta situação o leva a se sentir usado e abusado e, por causa disso, torna-se ansioso e depressivo. O Supino/submisso pode viver toda a sua vida tentando agradar a outros e bus-

cando fazer com que eles sejam felizes, mesmo que ele próprio nunca consiga alcançar este objetivo. Ele tende a se sentir culpado quando outras pessoas não se alegram com seus serviços. Embora não receba o reconhecimento esperado, não demonstra a fúria e a ansiedade que isto lhe causa. Logo, continua servindo as pessoas por temer a rejeição e o castigo.

5. Honra totalmente seu dom de serviço, chegando a ser insuperável nessa área, até ao ponto de arriscar sua vida por outros. Sob este temperamento, o grande Mestre expressou estas palavras: "pois nem mesmo o Filho do homem veio para ser servido, mas para servir e dar a sua vida em resgate por muitos" (Mc 10.45). É no serviço aos demais que o Supino/submisso encontra a expressão de sua alma e responde com muitas emoções ao ter seus serviços elogiados.

6. Tende a ser um indivíduo de espírito muito gentil, serviçal e obediente; ninguém pode superar o Supino/submisso na gentileza, serviço e obediência. Torna-se muito ansioso quando se encontra em situações nas quais tem que tomar decisões independentemente. A pessoa deste temperamento é propensa a mostrar um comportamento indireto. Muitas vezes, ele quer que os demais respondam e satisfaçam seus desejos, sem que ele diga quais são e espera que os demais adivinhem seus pensamentos.

7. Ele responde de modo muito positivo ao sentimento de culpa. Normalmente, manipula as situações de tal modo que se faz vítima de si mesmo, para que outros sintam pena ou compaixão dele e o ajudem na tomada de decisões, compartilhando as responsabilidades derivadas de tais resoluções. Muitas pessoas com este temperamento tendem a usar a culpa para manipular e conseguir que outros as controlem, expressando, ocasionalmente, frases como: "Por favor, não me deixe sozinho" e "Eu não sei viver sem você", dentre outras.

8. A incapacidade de tomar decisões, de se expressar e impor a sua vontade, faz com que o Supino/submisso viva a vida por intermédio dos outros. O fato do seu trabalho e serviços serem valorizados o motiva a continuar trabalhando para satisfazer ao seu Senhor e aos seus. A mulher virtuosa que aparece em Provérbios é um bom exemplo de uma pessoa Supino/submissa vivendo uma vida saudável dentro dos padrões do temperamento. O Supino/submisso, assim como os outros temperamentos, necessita se equipar com o espírito de poder, amor e domínio próprio e aprender a confiar em seus atributos e virtudes pessoais para adquirir maior independência dos demais.

9. Se a pessoa de temperamento Supino/submisso se mover nas áreas débeis do seu temperamento, manifestará comportamentos inapropriados, os quais revelam-se como problemas de dependência. Quando usa seus atributos

de uma maneira adequada, movendo-se nas áreas fortes do temperamento, o Altíssimo opera nele "tanto o querer quanto o realizar, de acordo com a boa vontade dele" (Fp 2.13), conduzindo-a ao sucesso e à felicidade. Ao se mover nas áreas débeis do temperamento, o inimigo vem realizar seu trabalho de "roubar, matar e destruir", obstruindo sua visão e seus propósitos, mantendo-a em um labirinto de confusões. É necessário, portanto, que o Supino/submisso se encontre consigo mesmo, e descubra seus atributos, virtudes e qualidades a fim de desenvolver seu potencial, para ser o líder ideal na área educacional, que ensine aos outros a ser mais humanos e gentis e menos agressivos.

Do mesmo modo, quando ele identifica, desenvolve e atua na área dos pontos fortes do temperamento, inicia seu caminho ao sucesso, abrindo a porta para a autotranscendência. É aqui que o Supino/submisso passa a desempenhar um papel muito importante no tabuleiro de xadrez da vida humana, ao fomentar a virtude do amor ao serviço, com base no amor de Deus, o qual foi derramado em nossos corações, como diz o apóstolo Paulo em sua carta aos romanos (Rm 5.5). Dessa maneira, gera-se um pensamento mais orientado ao bem-estar coletivo que ao próprio, porque vindo de uma mesma semente, todos somos parte uns dos outros, independentemente de sermos brancos, negros, amarelos ou de qualquer outra cor ou raça. Portanto, nosso grande chamado é ser parte da grande família do Altíssimo, um chamado à unidade, em meio à diversidade dos temperamentos, com todos seus atributos, virtudes, características e qualidades.

TEMPERAMENTO SUPINO/SUBMISSO, EM AFETOS

1. É uma pessoa que, geralmente, requer uma grande quantidade de amor, carinho e aprovação. Em contrapartida, também pode oferecê-los, mas espera que seja o outro quem inicie o comportamento afetivo, ao qual responde positivamente. Também deseja ter relações pessoais profundas, porém, igualmente, quer que seja a outra parte que tome a iniciativa. Sente-se pouco valorizado e amado devido à sua incapacidade de expressar de modo firme e consistente os sentimentos e desejos e também por não poder fazê-lo na magnitude e urgência que necessita, razão por que experimenta altos níveis de frustração.

Costuma esperar que o cônjuge satisfaça seus desejos sem comunicá-los. Estas são as pessoas que podem se entregar a relações sexuais, inclusive, contra sua vontade, somente para satisfazer ou agradar o outro, porque quando são procurados e servem, se sentem úteis e assim acreditam ser. Tenho visto em nossas consultas muitas pessoas Supinos/submissas que, depois de receber algum grande favor da parte da outra pessoa, "dão-se a si mesmas" como uma forma de agradecimento, mesmo quando aquele(a) que lhes fez o favor não tem qualquer relação com elas.

2. O medo de enfrentar as responsabilidades da vida o impulsiona a conter-se e não expressar sua necessidade de amor, afetos e aprovação, razão pela qual geralmente deixa que as coisas continuem sem solução, mesmo quando os problemas e situações difíceis o prejudicam. Muitas pessoas deste temperamento nos dizem: "Às vezes penso que não sou desse mundo. Não consigo entender as pessoas será que sou um extraterrestre? Por que não consigo ser agressivo como os demais e, às vezes, embora pense em liberar a raiva que tenho por dentro, batendo em alguém, não consigo fazê-lo?" Entretanto, tenho observado outras pessoas Supinos/submissas que, combinadas com outros temperamentos, expressam suas emoções verbal e fisicamente.

3. O Supino/submisso tem grande capacidade de manter relações pessoais profundas, mas sempre com a necessidade de reconhecimento por seus serviços, mesmo no âmbito das relações sexuais. Ele precisa saber que seu cônjuge se sentiu satisfeito ao terminar uma relação sexual. Esse tipo de pessoa se valoriza em função da aceitação por parte dos demais, de tal maneira que sacrifica seus desejos e sentimentos somente para agradá-los.

Quando o Supino/submisso recebe ajuda para se conhecer melhor mediante os atributos do temperamento, pode conseguir e manter o equilíbrio entre o emocional e o espiritual. É essa estabilidade que o capacita a se colocar na posição de uma pessoa virtuosa. Seus atributos de amor ao serviço e à obediência, acompanhados das qualidades de inteligência, amor à verdade, lealdade e falta de agressividade, converte a pessoa deste temperamento em alguém muito especial e única, muito amada e desejada.

4. Por sua pouca determinação, o Supino/submisso, nos afetos, tende a expressar seu amor aos entes queridos, servindo-os e fazendo coisas por eles. Para a mulher deste temperamento, é mais fácil fazer algo por seu marido ou preparar-lhe sua comida favorita como uma expressão de amor, do que lhe dizer diretamente "eu te amo". É mais fácil para o homem Supino/submisso limpar a casa e ter tudo organizado como uma demonstração de amor à sua esposa, do que tomar a iniciativa de abraçá-la e beijá-la.

O Supino/submisso, nos afetos, pode ser tão ativo sexualmente que poderia ser confundido com o Sanguíneo/extrovertido nesta área, porém, diferentemente deste, sempre necessita do reconhecimento de que fez bem feito e que seu parceiro está se sentindo bem e satisfeito.

5. Devido à insegurança, sofre de baixa autoestima, além de uma autoimagem e conceito pobres de si mesmo, razão por que tende a buscar mensagens negativas no ambiente, a fim de reafirmar sua posição de não ser amado e aceito. Isso ocorre, principalmente, quando ele cresce em um lar instável ou com pais exigentes, que, em vez de lhe ajudarem a formar uma autoestima saudável, destruíram sua imagem, demandando coisas que estavam além de sua capacidade. Sua autoestima era rebaixada também quando não conseguia satisfazer às demandas dos pais, talvez por não saber como fazer e, por conta disso, recebia críticas e era alvo de humilhações.

6. Carecendo de habilidade expressiva, tem dificuldade de manifestar raiva, agressividade e desacordo. Quando vê que as pessoas neste mundo mentem, enganam e são enganadas, o Supino/submisso tende a se sentir como se não fizesse parte deste universo. Sente-se ofendido ou insultado facilmente quando não é compreendido.

Há situações que parecem difíceis de crer, porém, em uma aula de temperamentos, ao descobrir as virtudes e qualidades do Supino/submisso, uma estudante relatou sua experiência com o esposo, a quem agora assegura entender, já que ele tem esse temperamento. Segundo ela, ambos cresceram no mesmo bairro, foram companheiros de escola desde o ensino fundamental até terminar a faculdade. Eram bons amigos, mas era ela que o procurava e iniciava as conversas ou atividades. Já adultos, o amigo começou a frequentar a casa dessa jovem e, sempre estava disposto a servir no que ela necessitasse, mas nunca expressava interesse por ela.

Certa noite de sexta-feira, o amigo foi visitá-la, mas ela tinha saído. Quando a mãe dela disse ao rapaz que a filha fora a uma festa, ele mostrou um semblante de descontentamento e ciúmes. Depois disso, a mãe perguntou à jovem se existia alguma relação romântica entre eles. Ela disse que não, mas que ela gostava dele, só que ele nunca dissera nada. Quando o amigo e a moça se encontraram, ele demonstrou estar com ciúme, ao que a ela respondeu: "Mas nós somos só amigos, você nunca me disse que gosta de mim." Ele respondeu: "Sim, gosto muito de você", e assim começaram o namoro.

Passado algum tempo, a mãe da jovem perguntou à filha quais eram os planos dele com ela e por que ele nunca falava em se casar ou morar com a moça. A jovem lhe informou da inquietude da mãe e ele respondeu: "Sim, vamos nos casar!", e assim começaram a falar do matrimônio e dos preparativos. Prosseguindo com a narrativa, ela contou que no dia do casamento todo o processo cerimonial se deu como no ensaio, mas o curioso foi que, quando chegaram ao quarto do hotel, ela correu e trocou de roupa com o objetivo de

TEMPERAMENTO SUPINA/SUBMISSO, COM SEUS ATRIBUTOS, VIRTUDES, QUALIDADES E TENDÊNCIAS

culminar no momento tão esperado, pois haviam tomado o cuidado de não ter relações sexuais antes de se casarem. Ela estava pronta para o momento, enquanto seu esposo continuava vestido com o traje do casamento e dava voltas no quarto, sem saber o que fazer. Então, ao sentir uma inspiração, ela saiu da cama, o agarrou e o envolveu na chama do romance. E terminou dizendo que se não tivesse feito isso, ainda seria uma "senhorita".

7. O Supino/submisso, nos afetos, tende a desenvolver um temor muito grande pela rejeição e fracasso nos relacionamentos íntimos, por causa de seu grande medo de ficar sozinho na sociedade e ter que assumir sozinho as decisões do cotidiano. Muitas vezes, ele se esconde debaixo do manto da vergonha e, assim, não sai da casa materna.

8. Costuma ser de natureza muito fiel e leal ao seu cônjuge, razão por que a infidelidade e o engano voluntário não são comuns neles. Quando esta pessoa se casa com outra de temperamento compatível, as virtudes e qualidades se juntam para ser um matrimônio ideal e formar uma família onde cada membro se sente orgulhoso de ser parte. É que, na realidade, cada temperamento tem atributos, virtudes e qualidades que todos deveríamos nos esforçar para cultivar em nós, a fim de poder viver essa vida abundante que nos foi oferecida.

9. A linguagem de amor do Supino/submisso é o serviço e a obediência. Tem muito amor para dar e receber, embora não demonstre. Se for compreendido, pode ser desejado pelas mulheres ou desejada pelos homens. É uma pessoa mansa, humilde, serviçal, inteligente e terna. O marido necessita ser procurado pela esposa para ter relações sexuais, já que não manifesta seu desejo. O mesmo acontece com a mulher. Lembre-se da mulher virtuosa no livro de Provérbios, que é motivada pela glória recebida ao ter seus serviços reconhecidos. Nenhum outro temperamento tem habilidades como o Supino/submisso para fazer do indivíduo uma pessoa virtuosa, desejada por todos. Jesus, como Supino/submisso é o desejado das nações.

Ó obediência tão reclamada e demandada e, ao mesmo tempo, tão ignorada! Exorta-nos a obediência às instruções divinas para não morrer, submissão aos pais para o acréscimo de dias e harmonia familiar, obediência aos preceitos tão enraizados em nossa consciência, os quais julgam nosso comportamento moral. Submissão para não sermos depois disciplinados, obediência no trabalho para não perdê-lo e às leis, para não sermos incriminados. Submissão ao Altíssimo para vivermos em harmonia no seio familiar divino, obediência para identificar os atributos, virtudes e qualidades na consciência positiva, para que nossos olhos se abram e, assim, vejamos a linha de separação entre o bem e o mal. Obediência para viver no centro da vontade de Deus, em uma natureza divina e uma vida abundante.

O temperamento Supino/submisso é o que recebe a gentileza como dom. Todos têm um pouco de gentileza, mas somente ele a recebe como o atributo principal. Todos têm amor, mas somente o Sanguíneo/extrovertido o recebe como dom principal; todos têm paz, mas apenas no Fleumático/paciente se manifesta como atributo principal; todos têm poder, mas somente o Colérico/dominante o expressa como dom principal.

O Supino/submisso é orientado a viver a vida no amor que nasce de relações satisfatórias na obediência, gentileza e genuinidade. Uma vida enraizada na verdade, a qual resulta em paz fundamentada e mantida por um poder que excede todos os demais poderes e forças.

10

JESUS E OS TEMPERAMENTOS

Jesus veio redimir todos os seres humanos, encarnando em si mesmo um grande mistério. Como já foi enfatizado, o Altíssimo assumiu diferentes posturas e, em cada uma delas, adotou nomes distintos com peculiaridades atribuídas a cada nome. Não estamos falando de um sistema politeísta, mas sim de um sistema monoteísta, um único Deus, o qual é Criador e mantenedor do Universo. O conceito de Deus como um ser único, porém manifestado em três pessoas, se encontra na mente e nos pensamentos tanto dos escritores do Antigo Testamento como do Novo Testamento.

Para tornar possível a libertação de todos os homens, Jesus teve de levar em si mesmo todas as virtudes representadas nos diferentes nomes do Altíssimo, as quais estão relacionadas com os cinco temperamentos. Ele precisava ser a imagem do Senhor em sua totalidade e, ao mesmo tempo, representar o humano em sua integralidade. "Pois em Cristo habita corporalmente toda a plenitude da divindade" (Cl 2.9). Em Jesus estavam os cinco temperamentos. Claro que, como em Deus não existe debilidade e Cristo não conheceu o pecado, no Deus-homem não podiam se manifestar as debilidades naturais arraigadas na concupiscência humana. Como homem, não tinha consciência do mal, razão por que com toda certeza podia dizer: "o príncipe deste mundo está vindo. Ele não tem nenhum direito sobre mim" (Jo 14.30).

Jesus se moveu sempre nos pontos fortes dos temperamentos, o que lhe permitia operar e atuar humanamente como um ser que exercia domínio e autoridade sobre a natureza. O apóstolo Paulo descreve as áreas fortes dos temperamentos da seguinte maneira: "mas o fruto do Espírito é amor, alegria, paz, paciência, amabilidade, bondade, fidelidade, mansidão e domínio próprio. Contra essas coisas não há lei" (Gl 5.22-23). Ao mesmo tempo em que Cristo habita corporalmente toda a plenitude da divindade, habita também toda a plenitude da humanidade, porque ele é o Filho do homem. Do mesmo modo que em Jesus se fundem aquelas cinco posturas de Deus no

Antigo Testamento, também se associam aqueles cinco temperamentos difundidos entre os homens. "Quando ele subiu em triunfo às alturas, levou cativo muitos prisioneiros, e deu dons aos homens" (Ef 4.8). E ele mesmo deu dons ministeriais aos homens, segundo seus temperamentos, "e ele designou alguns para apóstolos, outros para profetas, outros para evangelistas, e outros para pastores e mestres" (Ef 4.11).

Conforme já mencionei, o apostolado foi outorgado aos Coléricos/dominantes, devido ao fato de que nenhum outro temperamento tem tanta energia para realizar este ministério. Encontramos o melhor exemplo no apóstolo Paulo, homem que podia fazer uso de sua ousadia de Colérico/dominante e do alto nível intelectual alcançado para ministrar aos reis e governantes de seus dias, pois até os sábios gregos se interessavam em escutar os ensinamentos paulinos.

O evangelismo é dado ao Sanguíneo/extrovertido, por seu entusiasmo e capacidade carismática. Nenhum outro temperamento se iguala a este nas habilidades de motivar, convencer, animar e encorajar os grupos. O melhor exemplo é encontrado em Pedro, o famoso evangelista da igreja primitiva. Aquele homem inculto era reconhecido pelos líderes eclesiásticos de seus dias como um homem iletrado e "do povão". Porém, ao operar na força de seu dom ministerial, falava com coragem sobre as maravilhas de Deus, razão pela qual, ao término de seu primeiro discurso, umas três mil almas foram agregadas ao seio da igreja (At 2.41).

O dom profético é dado ao Melancólico/analítico, porque, como vimos, é o único temperamento com capacidade de visualizar ou criar imagens do que pensa. Sabe-se que, na antiguidade, o profeta era chamado de vidente, o ser humano com dom para ver além do normal. O melhor exemplo encontramos em Elias, o varão que visualizava uma grande chuva cair no meio de um dia completamente ensolarado e em uma época de seca que se prolongava por três anos e meio. Como havia dito, os céus se escureceram e a grande chuva caiu.

O pastorado é dado ao Fleumático/paciente por sua capacidade pacificadora e pela pouca vulnerabilidade emocional, atributos que determinaram a fuga de José antes que se envolvesse emocionalmente na trama da mulher de seu chefe, Potifar. O temperamento Fleumático/paciente reúne as qualidades do pastor ideal, aquele que pode estabelecer justo juízo entre o próprio filho e o filho de uma família da igreja que pastoreia. É quem está capacitado a separar as emoções das responsabilidades e funções, o que é extremamente difícil para as pessoas de outros temperamentos.

O dom do magistério – ensino de mestre – é dado ao indivíduo Supino/submisso por sua fidelidade, obediência e capacidade de serviço. Quer seja bom ou ruim, onde existe uma igreja, há também sua história de divisão. Normalmente, o movimento divisor começa na escola dominical, onde os professores não desejam eles próprios ocuparem as posições de liderança. Mas os Supinos/submissos serão fiéis e obedientes aos princípios ensinados.

Na mensagem das bem-aventuranças Jesus bendiz as pessoas representadas nos cinco temperamentos, libertando-as da maldição adâmica. Portanto, Cristo as liberta do cativeiro ao qual estavam sujeitas, para que, sendo livres e abençoadas, assim lhes possam ser atribuídos os dons ministeriais mencionados. Ele começa com os de temperamento Supino/submisso. Dirige-lhes os versículos 3, 4, 5 e 6 do capítulo 5 de Mateus, pois eles são os pobres de espírito. São os que choram diante das injustiças nas quais, muitas vezes, são forçados a viver. São os mansos que não têm habilidade para impor suas vontades e são os que têm fome e sede de justiça por não ter habilidades para se autodefender. São as pessoas mais bem representadas na figura da ovelha.

Os misericordiosos são os indivíduos Sanguíneo/extrovertidos, totalmente orientados às relações pessoais. São os que precisam estar constantemente relacionados a outras pessoas e que, por essa necessidade de dar e receber amor e afetos, se esquecem das ofensas facilmente. É o amor que se manifesta nos Sanguíneo/extrovertidos, como compaixão, querendo ajudar aos necessitados até o ponto de autossacrifício, que faz deles pessoas misericordiosas.

Os limpos de coração são os Melancólico/analíticos, por sua tendência perfeccionista, fidelidade e seu amor à verdade. Eles necessitam ver a Deus para receber a mensagem profética e comunicá-la com a certeza que o fez Elias, o tesbita da Tisbe de Gileade, que disse a Acabe: "Juro pelo nome do Senhor, o Deus de Israel, a quem sirvo, que não cairá orvalho nem chuva nos anos seguintes, exceto mediante a minha palavra" (1Rs 17.1),. São acontecimentos que, segundo a narração bíblica, sucederam conforme foi dito. Ó maravilhosa graça de Deus, que nos faz participantes de sua dinâmica celestial, repartindo entre os homens os atributos divinos, segundo o beneplácito do Criador!

Os pacificadores são os Fleumático/pacientes, cujo ponto forte é dirigido à paz. São capazes de trabalhar em prejuízo deles mesmos com o objetivo de manter a paz e estabelecer a justiça. Já os Colérico/dominantes são os perseguidos e vituperados por causa de Jesus. Por sua identificação com Deus e a força de seu temperamento, vão levar a Palavra de Deus onde outros não ousariam fazê-lo. Eles são os enviados para abrir caminhos onde não há e a plantar igrejas onde estas não existem.

Deus é *vida* que vivifica a carne ou a natureza animal, que coloca em vasilhas de barro o precioso tesouro de ouro puro. É que o Senhor é *amor* que se derrama nos seres humanos por amor a eles, para que possam viver em amor. "Todo aquele que permanece no amor permanece em Deus, e Deus nele" (1Jo 4.16). O Altíssimo é *poder* que cria e sustenta todas as coisas, um poder que excede a todo poder conhecido, capaz de dar vida aos mortos. Deus é a *verdade* pura e límpida, a qual clama por santidade, sanidade e pureza. O Senhor também é *justiça e paz*. Todos os temperamentos se encontram em Deus e ele os coloca nos homens, conforme seus chamados e propósitos.

JESUS E O TEMPERAMENTO MELANCÓLICO/ANALÍTICO

É importante mencionar que, como não conheceu o pecado, Jesus não se movia nas debilidades dos temperamentos, mas somente em seus pontos fortes. Também é muito interessante ter em mente que todas as obras que Cristo realizou na terra, ele as fez como homem, não como Deus. Por isso, nos diz, com muita firmeza: "Digo-lhes a verdade: Aquele que crê em mim fará também as obras que tenho realizado. Fará coisas ainda maiores do que estas, porque eu estou indo para o Pai" (Jo 14.12). De modo que, quando vemos Jesus e suas obras, precisamos associá-lo em cada momento com o temperamento apropriado, como quando, no evangelho de João está escrito: "Perguntou Natanael: 'De onde me conheces?' Jesus respondeu: 'Eu o vi quando você ainda estava debaixo da figueira, antes de Filipe o chamar'" (Jo 1.48).

Como profeta vidente, Jesus podia ver o que Natanael fazia debaixo da figueira, mesmo daquela distância, o que é quase impossível para pessoas de outros temperamentos. Quando se move nos pontos fortes do temperamento, o ser humano pode moldar seu caráter para a autotranscendência. Neste nível, é capaz de ativar os sentidos da alma para ver além dos limites encerrados na constituição física e, assim, pode ouvir "o que o Espírito diz às igrejas" (Ap 2.7), conseguindo enxergar nas esferas espirituais que "a nossa luta não é contra pessoas" (Ef 6.12), mas contra espíritos que motivam o corpo físico a agir desta ou daquela maneira. É somente nos pontos fortes dos temperamentos que podemos desenvolver esse senso de unidade com o todo, pois, humanamente, todos procedemos da mesma semente; sendo assim carne da carne, ossos dos ossos e sangue do sangue uns dos outros. Espiritualmente, procedemos de um mesmo e único Criador, o qual coloca no humano sua imagem e semelhança.

Cada ser humano, vivendo nas áreas dos pontos fortes do temperamento, tem a oportunidade de agir como verdadeiro filho de Deus. Tem a chance de atuar onde os milagres ocorrem como parte da vida cotidiana, onde os atributos divinos, distribuídos entre os temperamentos, ministram uns aos outros para um crescimento pleno na pureza e santidade. Jesus se autoproclama como *a verdade*, atributo que representa a força central do temperamento Melancólico/analítico. Cristo, como Melancólico/analítico, falava e agia centrado na verdade e, por isso, sempre falava dela. Motivava seus discípulos a conhecê-la e a viver nela. Ele também deixou a humanidade inquieta, confusa e escravizada no desafio de buscar e conhecer a verdade: "E conhecerão a verdade, e a verdade os libertará" (Jo 8.32). Esta era a missão central do grande profeta: libertar a criação humana, a qual caíra encurralada nas cordas e laços dos próprios pensamentos, desejos mórbidos e atrações destrutivas. Somente a verdade podia libertar o humano da autodestruição já iniciada em Adão.

Como Melancólico/analítico, Jesus foi o grande profeta. Não se limitou a profetizar os acontecimentos do futuro, mas também proclamou eventos relacionados à sua morte e ressurreição como uma prova contundente de que ele era quem dizia ser: o Deus-homem. Nesta condição, Jesus abria os olhos aos cegos para que vissem as maravilhas do Criador, destapava os ouvidos dos surdos para que ouvissem as maravilhas do Altíssimo, liberava a língua dos mudos para que falassem das maravilhas do Senhor, libertava os oprimidos por demônios, curava os doentes de toda espécie de enfermidade e, aos mortos, dava vida para que todos voltassem os olhos àquele que era, que é e que há de vir.

Cristo, como Melancólico/analítico, também é o líder visionário, inovador, *designer* e criativo, dentre outros atributos. Como visionário, apontava para o futuro e sempre falava da hora – "a hora vem", "é chegada a hora"... Como inovador, veio renovar a consciência do ser humano para que pudesse vislumbrar e desejar uma vida diferente e abundante. Como *designer*, estabeleceu um modelo de igreja invencível – "as portas do Hades não poderão vencê-la" (Mt 16.18). Como líder criativo, teve a habilidade de tornar um grupo de homens comuns e ordinários em uma seleção especial, que se encarregaria de difundir o evangelho por todos os confins da terra.

Em Gênesis, vemos *Elohim* atuando como Melancólico/analítico e fazendo uso de seus dons e virtudes para converter um mundo envolto em caos e trevas em um planeta maravilhoso e perfeito, no qual colocou o homem. No Novo Testamento, vemos Jesus atuando como Melancólico/analítico e convertendo um grupo pequeno de homens, submersos na obscuridade e na confusão religiosa de seus dias, em seus discípulos e, mais tarde, nos mensageiros de sua Palavra. Eles assumiriam o peso da propagação da mensagem de libertação e salvação, embora entre eles houvesse alguns pouco preparados e outros com uma reputação ruim entre o povo, mas isso fez com que fossem tão naturais como nós.

Jesus e o temperamento Colérico/dominante

Jesus é o grande líder que veio marcar a história da humanidade. Embora muitos cientistas neguem reconhecer na pessoa de Jesus Cristo a complexidade da união entre a natureza divina e humana, eles não podem negar sua realidade existencial. É que, como Colérico/dominante e apóstolo, ele é o enviado do Pai para operar a favor da humanidade caída. É neste temperamento que Jesus vem despojar quem possuía o poder espiritual sobre a humanidade e libertar o ser humano da prisão e da escravidão em que se encontrava. Portanto, quando esse poder (do mal) se opunha a ele, de algum modo, Jesus mostrava que ele era o poder e a autoridade.

Sendo um Colérico/dominante ousado, Cristo enfrentava os líderes eclesiásticos e, sob os pontos fortes deste temperamento, zombava da autoridade e poder dos que, crendo serem tais líderes, não o eram. Quando os líderes religiosos de seus dias o questionaram acerca de com qual autoridade fazia o que fez no templo, Jesus simplesmente respondeu com outra pergunta que deixou estes líderes eclesiásticos envergonhados. Eles e os demais haviam se corrompido e estavam encurralados nas debilidades e desejos nocivos. Era o líder exigente que demandava que as coisas fossem feitas da maneira que ele queria, já que assim agradava ao Pai. Era o líder inflexível. Dirigia todas as suas forças para alcançar seus propósitos, embora isto lhe tenha custado a vida. Trabalhou incansavelmente na educação e preparação de um grupo reduzido, o qual, posteriormente, expandiria o evangelho por todos os confins da terra.

Jesus mesmo não fundou uma comunidade eclesiástica visível, embora tenha estabelecido os fundamentos de uma igreja que se estendeu por todo o mundo. Uma igreja que se fortaleceu nos momentos de debilidade histórica, e que, quando os inimigos pensaram ser seu fim, ela, muitas vezes fraca e perseguida, levantou seu estandarte nos cumes mais altos das montanhas. E como não ser vitoriosa se seu próprio fundador subiu ao monte e proclamou aos quatro ventos e a seus seguidores mais próximos: "Foi-me dada toda a autoridade no céu e na terra" (Mt 28.18).

Como Colérico/dominante, Jesus é o líder executivo que veio para executar a vontade do Pai. É esse líder que da debilidade tirou força; das confrontações, sabedoria; da obscuridade, luz e de sua morte, vida para todos, razão por que pode exclamar com grande satisfação: "Está consumado!" (Jo 19.30)

Jesus e o temperamento Sanguíneo/extrovertido

Jesus, como Sanguíneo/extrovertido, veio para mostrar o amor de Deus, o Pai, para nós, já que o amor é precisamente a força principal que move e orienta esse temperamento. "Porque Deus tanto amou o mundo que deu o seu Filho Unigênito, para que todo o que nele crer não pereça, mas tenha a vida eterna" (Jo 3.16). Nas páginas do Livro Sagrado podemos observar um Ser supremo, Criador e mantenedor de todas as coisas, que cria o ser humano à sua imagem e semelhança, para que possa ser um agente ativo e participante do amor de Deus. Este atributo ativado e operante nas áreas fortes do temperamento expressa gozo, paz, paciência, benignidade, bondade, mansidão, temperança e muitas misericórdias. Todas estas qualidades levam o Sanguíneo/extrovertido a ser um indivíduo orientado a relações pessoais e com fortes motivações para ajudar aos demais. Por isso, recebe o dom ministerial do evangelismo.

Jesus, como Sanguíneo/extrovertido e evangelista, manifestou todas as qualidades mencionadas. Ele não apenas expressou alegria e satisfação, mas também deixou instruções claras e precisas para que possamos viver felizes. Ele é a nossa paz e nos deixou sua paz, nos instruindo a não nos turbar em nossos corações pelo que haveremos de ver e ouvir. Jesus mostrou ser muito paciente ao esperar a hora indicada para cada movimento em sua vida ministerial. Mostrou benignidade e bondade, inclusive ao orar em favor daqueles que o maltrataram e vituperaram. Demonstrou mansidão, inclusive nos momentos de maior provocação e irritação recebidas da parte dos que não somente o julgaram e condenaram injustamente, mas que também fizeram uso de todas as artimanhas possíveis para provocá-lo a se rebelar contra os planos estabelecidos. De maneira que ele não sofreu por causas próprias, mas por amor a todos os que seriam salvos por sua obediência e submissão.

Jesus, como Sanguíneo/extrovertido, sentia grande empatia pelos necessitados. Por este motivo, usou todos os recursos disponíveis para satisfazer suas necessidades. Aos famintos, deu de comer, libertou os oprimidos de diferentes situações, curou os enfermos de diferentes enfermidades, fortaleceu a autoestima de uma viúva que, confiando nos ensinamentos de Cristo e tendo fé, ofertou tudo o que tinha. Além disso, fortaleceu a autoestima dos pobres, desamparados e abandonados pela sociedade, ao lhes anunciar que a eles pertence o Reino dos céus. Jesus, como Sanguíneo/extrovertido, é o líder comunicador e convincente, que, embora sendo rejeitado pelos governantes e líderes religiosos de sua época, não somente mudou o curso da história, mas fundou o organismo vivente mais poderoso – a igreja – que, quanto mais é atacada, mais forte se torna.

Jesus foi o evangelista que atraiu para si uma grande quantidade de pessoas, e que continua, no presente, atraindo e convertendo muitas pessoas, por meio da poderosa mensagem da sua Palavra, pois ele é o Cristo *da* história e *na* história. É o mesmo que se mantém presente nas vidas de seus fiéis seguidores e na igreja, até o fim dos tempos. Ele é o modelo de homem a se imitar. Sempre manteve absoluto controle de suas emoções e sentimentos e concentrou todas estas forças na realização de seus propósitos, clamando por misericórdia inclusive para aqueles que, sem ter um conhecimento verdadeiro de quem ele era, cravaram-no em um madeiro. "Pai, perdoa-lhes, pois não sabem o que estão fazendo" (Lc 23.34).

JESUS E O TEMPERAMENTO FLEUMÁTICO/PACIENTE

Este temperamento é orientado principalmente pelo dom da paz. Não de uma paz definida pela ausência de guerras e conflitos, mas fundamentada em um poder que está acima do poder. É uma paz de relações balanceadas e equilibradas entre nossas três áreas principais de necessidades: **espírito, alma e corpo; psicológica-social** e **físico-afetiva**. Esta serenidade individual nos leva a uma relação de paz com Deus e com os outros. Tal como diz o apóstolo Paulo, Jesus é "a nossa paz, o qual de ambos fez um e destruiu a barreira, o muro de inimizade, anulando em seu corpo a lei dos mandamentos expressa em ordenanças. O objetivo dele era criar em si mesmo, dos dois, um novo homem, fazendo a paz, e reconciliar com Deus os dois em um corpo, por meio da cruz, pela qual ele destruiu a inimizade" (Ef 2.14-16).

Cristo, como Fleumático/paciente, é o Divino pacificador que veio para restabelecer a paz entre o Deus criador e as criaturas humanas. Tendo sido vencidos pelo engano de suas paixões e desejos, os seres humanos se rebelaram contra os planos e propósitos para os quais haviam sido criados, entrando assim em uma crise existencial, manifestada como uma crise de identidade impulsionada por três motivações psicodinâmicas fortes: culpa, vergonha e medo.

A culpa é a janela para muitos transtornos emocionais, psicológicos e mentais no ser humano. Um forte sentido de culpa pode desencadear uma série de funções neurológicas que alteram a percepção. Estas funções neurológicas levam o indivíduo a se desconectar da realidade e entrar na profundidade de um oceano imaginário, que cria condições psiquiátricas tão fortes como a paranoia e a esquizofrenia. Isto foi o que aconteceu com o grande rei Nabucodonosor.

Doze meses depois, quando o rei estava andando no terraço do palácio real da Babilônia, disse: 'Acaso não é esta a grande Babilônia que eu construí como capital do meu reino, com o meu enorme poder e para a glória da minha majestade?' As palavras ainda estavam nos seus lábios quando veio do céu uma voz que disse: 'É isto que está decretado quanto a você, rei Nabucodonosor: sua autoridade real lhe foi tirada. Você será expulso do meio dos homens, viverá com os animais selvagens e comerá capim como os bois. Passarão sete tempos até que admita que o Altíssimo domina sobre os reinos dos homens e os dá a quem quer.' A sentença sobre Nabucodonosor cumpriu-se imediatamente. Ele foi expulso do meio dos homens e passou a comer capim como os bois. Seu corpo molhou-se com o orvalho do céu, até que os seus cabelos e pêlos cresceram como as penas de uma águia, e as suas unhas como as garras de uma ave. (Dn 4.28-33)

Igualmente, a culpa é a motivação principal que nos leva a estar em conflito com nós mesmos e com os outros, já que, quando não a liberamos de maneira apropriada, ela nos conduz à depressão. Quando não perdoamos as ofensas dos outros, nos leva à ansiedade, irritabilidade e pleitos desnecessários.

A vergonha, por sua vez, nos impulsiona a recordar nossas obras más e a gerar um sentimento de frustração e de mal-estar conosco mesmos e com aqueles a quem devemos dar contas de nossos atos. Porém, "tendo sido, pois, justificados pela fé, temos paz com Deus, por nosso Senhor Jesus Cristo" (Rm 5.1). Cristo, como Fleumático/paciente, veio para nos libertar, a fim de que possamos viver um presente livre de culpa e vergonha do passado e poder nos projetar a um futuro de fé, liberto do medo. Isto porque, inclusive, quando confessamos a fé, ela não pode se fortalecer em nós enquanto houver medo. O medo é causado pela incerteza do que pode acontecer, o temor de sofrer dores e maus-tratos. A fé, por outro lado, nos assegura o futuro, nos dando forças para caminhar confiadamente.

Jesus, como Fleumático/paciente, é o bom pastor que provê às suas ovelhas pastos suaves. Próximo às águas tranquilas, ele as pastoreia, conforta a alma da ovelha aflita e a guia pela vereda da justiça, fortalecendo sua fé para que possa passar pelos vales das sombras da morte sem temor algum. Ele é o bom pastor que, além de todas essas coisas, deu sua vida pelas ovelhas. Ele é o líder pacificador, cujas mensagens conciliadoras e pacificadoras continuam sendo tão poderosas e convincentes nos dias de hoje, como eram há mais de dois mil anos atrás. Ele é o líder cuja eficácia não mingua, mas que se renova nas mentes e corações de seus fiéis.

Como Fleumático/paciente e pacificador, Jesus é o líder que confronta o indivíduo com sua realidade e o deixa tomar a decisão que julgar conveniente. Não forçou nem manipulou o comportamento de ninguém para que fizesse sua vontade, mas mostrou, com a própria vida e exemplo, como viver de maneira sábia e piedosa em meio a uma geração conflituosa. O Senhor Jesus via homens, mulheres e crianças submersos na miséria do labirinto humano e muitos guiados pelo engano de seus pensamentos e desejos. Mas, Cristo, em vez de criticá-los e condená-los, lhes dizia que haviam sido enganados pelo inimigo – esse que vem somente para roubar, matar e destruir – mas que ele, o Senhor Jesus, viera para dar vida, e vida em abundância. E anunciou que cabia a cada pessoa decidir abandonar o estado de vida miserável em que estava e abraçar a vida abundante que o bom pastor, Cristo, veio para dar.

Jesus e o temperamento Supino/submisso

Dentro dos atributos e qualidades deste temperamento, destacam-se a disposição ao serviço e à obediência. De fato, o evangelho de Marcos apresenta Cristo como o servo do Senhor que vem para servir e para obedecer a quem o enviou. "Pois nem mesmo o Filho do homem veio para ser servido, mas para servir e dar a sua vida em resgate por muitos" (Mc 10.45). O evangelho de João também enfatiza esta disposição ao serviço e à obediência: "pois desci do céu, não para fazer a minha vontade, mas para fazer a vontade daquele que me enviou" (Jo 6.38).

Cristo, concentrado nessa peculiaridade da obediência e do serviço, passou a hora difícil e pode se manter firme dizendo: "Aba, Pai, tudo te é possível. Afasta de mim este cálice; contudo, não seja o que eu quero, mas sim o que tu queres" (Mc 14.36). Por que o temperamento Supino/submisso? Porque, do ponto de vista divino, "todos nós, tal qual ovelhas, nos desviamos, cada um de nós se voltou para o seu próprio caminho; e o Senhor fez cair sobre ele a iniquidade de todos nós" (Is 53.6). É sob a força desse temperamento que o Deus-homem se despoja de sua glória para entrar no mundo da maneira mais simples possível, a fim de exaltar a humildade e a obediência, as quais haviam sido menosprezadas e abandonadas pelos homens.

Os seres humanos haviam abraçado, entre outras coisas, um dos piores males, a cobiça, pecado que se constituiu em outra força motivacional nos homens. Ela não somente corrompe os bons costumes dos povos, mas também deteriora a própria essência do homem, submergindo-o no oceano profundo dos desejos desenfreados da concupiscência. A humildade é a que nos permite olhar para a origem de nossa existência, analisar nossos maus procedimentos e nos unir a Daniel e a outros homens bíblicos, como Neemias, em seu clamor: "eu e o meu povo temos pecado contra ti" (Ne 1.6).

Nós fizemos mal ao nos afastar das palavras e instruções do Criador. Ele não somente as expressou por meio de seus profetas e apóstolos, mas também as deixou escritas no manual da vida, a Bíblia, onde nos instrui como viver de maneira sábia, piedosa e justa em todos os tempos. De modo que a humildade é de importância vital para nós. Permite-nos reconhecer e retornar a esta relação de Pai e filhos estabelecida por Cristo e, como filhos, saber obedecer, pois o Pai sabe o que é melhor e sabe quais planos tem para conosco. Nesta humildade e obediência descansa a felicidade humana, razão por que Cristo nos diz: "Tenho lhes dito estas palavras para que a minha alegria esteja em vocês e a alegria de vocês seja completa" (Jo 15.11).

Muitos pensarão que era fácil para Jesus viver e fazer estas coisas, mas não para nós. Se for este o caso, permita-me dizer que existiam pessoas comuns assim como nós que tomaram o exemplo de Cristo, viveram-no e, inclusive, puderam manifestar os cinco temperamentos em suas vidas e obras. Em seguida, veremos o exemplo de alguém que, sendo tão humanamente débil como qualquer um de nós, descobriu, ao passar a viver nos pontos fortes do temperamento, seu chamado e propósito. Desde então, dedicou todas as forças para ser tudo o que poderia ser.

O APÓSTOLO PAULO E OS TEMPERAMENTOS

O apóstolo Paulo foi um homem comum como qualquer um de nós. Alguém que nos mostra um verdadeiro exemplo do ser humano, movendo-se nas duas áreas da consciência e, no meu ponto de vista, movendo-se nas áreas dos pontos fortes e fracos do temperamento. Um indivíduo que teve o antes e o depois ao experimentar o encontro com Cristo. Ele é o melhor exemplo de alguém que, sendo homem com pontos fracos e fortes como os nossos, pode tomar o exemplo de Cristo e nos apresentar de maneira tão magistral, dando valor à sua expressão: "Tornem-se meus imitadores, como eu o sou de Cristo" (1Co 11.1).

Depois de viver com seus erros, buscando fazer as coisas motivado somente por suas capacidades e destrezas, Paulo entende que não poderia viver por sabedoria ou habilidade humana, mas pela sabedoria de Deus. É quando abre mão da vontade própria para submetê-la à vontade do Criador, que o enviou a este mundo com propósitos claros e específicos. A única maneira de Paulo saber quais eram os propósitos divinos para ele era conhecer a vontade de Deus. E a conheceu ao ser crucificado juntamente com Cristo.

Deste ponto em diante, o apóstolo Paulo toma o exemplo de Cristo para nos apresentar. Dessa maneira, este homem concentrado, operando do lado saudável de seu temperamento, se abre rumo à transcendência e chega a se converter em um dos maiores líderes do cristianismo. Ao identificar e desenvolver os pontos fortes de seu temperamento, Paulo deu oportunidade para que nele se manifestassem os cinco temperamentos de uma forma muito acentuada. Enquanto ainda estava no "antes", era um Colérico/dominante focado em exercer controle e autoridade, mas, assim que passa a viver no "depois", reorienta os pontos fortes do temperamento para seu chamado e vocação. E, à medida em que se aprofunda no equilíbrio entre as três áreas de necessidades temperamentais, ele aumenta a sabedoria e o esforço para querer ser como o modelo que seguia, isto é, Cristo.

No livro de Atos e nas duas cartas aos coríntios, vemos o apóstolo Paulo como o Colérico/dominante controlador. Ele se desvincula daqueles que não obedecem a suas instruções, tal como se desligou de seus acompanhantes em sua primeira viagem missionária. Nas cartas aos coríntios, ele entrega a Satanás aqueles que não seguem suas instruções ou que se rebelam contra sua autoridade. Na carta aos gálatas, vemos Paulo respondendo à própria pergunta quanto às duas naturezas que operam no ser humano: "Pois o que faço não é o bem que desejo, mas o mal que não quero fazer, esse eu continuo fazendo" (Rm 7.19). Como Supino/submisso, Paulo crucifica seu corpo com seus desejos e vontades juntamente com o Senhor Jesus: "Fui crucificado com Cristo. Assim, já não sou eu quem vive, mas Cristo vive em mim" (Gl 2.20). Embora continuasse vivendo no corpo físico, já não vivia segundo a vontade e desejos próprios, mas na fé do filho de Deus, tal como ele mesmo expressa. Também acrescentou dizendo: "Sem mais, que ninguém me perturbe, pois trago em meu corpo as marcas de Jesus" (Gl 6.17).

Ao passo que, na carta aos efésios, vemos Paulo como o Melancólico/analítico utilizando sua capacidade de visualização para enxergar os acontecimentos, desde antes da fundação do mundo, observar as bênçãos e lutas espirituais, assistir aos cristãos sendo abençoados com todas as bênçãos espirituais nos lugares celestiais e, ainda, profetizar o futuro dos redimidos no corpo da igreja. Em Filipenses, o vemos como o Sanguíneo/extrovertido, para quem tudo é motivo de regozijo, onde nos exorta a nos apartar dos pensamentos negativos e pensar no que "for verdadeiro, tudo o que for nobre, tudo o que for correto, tudo o que for puro, tudo o que for amável, tudo o que for de boa fama" (Fp 4.8), com o propósito de manter nosso gozo no Senhor.

Paulo apela ao poder e às forças que se ocultam no pensamento humano, sabendo que aquilo que o homem pensa gera sentimentos e que o ser humano atua, na maioria das vezes, baseado nos sentimentos. Por último, o vemos nas cartas aos Colossenses, a Timóteo, aos Tessalonicenses e a Filemom como o pastor Fleumático/paciente, onde revela grandes e profundas verdades pastorais, de um modo simples e sem o costumeiro entusiasmo, tais como: "Pois em Cristo habita corporalmente toda a plenitude da divindade" (Cl 2.9). Recapitulando: já mencionei que os temperamentos não mudam ou se modificam. Isso significa dizer que a pessoa nasce e morre com seu temperamento ou temperamentos. Apesar disso, é necessário considerar que, dentro dos temperamentos, temos áreas fortes e fracas. Nas áreas fortes, opera o Espírito de Deus, porquanto nele não há fraquezas e, nas áreas fracas, opera o espírito do maligno, porquanto nele não há verdade.

À medida em que o ser humano aprende a viver nas áreas fortes de seu temperamento e a atuar nelas, consegue identificar as fraquezas temperamentais e a evitá-las em seu comportamento, pois somos imagem e semelhança do Altíssimo – o qual é perfeito. Ao viver em Cristo, nós o imitamos e o manifestamos em nossa conduta. Lembre-se de como se entrelaçam os atributos divinos nos temperamentos. O Melancólico/analítico é ativado na área forte pelo espírito da *verdade*; o Colérico/dominante, pelo espírito de *poder*; o Sanguíneo, pelo espírito de *amor*; o Fleumático/paciente, pelo espírito da *paz*; e o Supino/submisso, pelo próprio espírito de *vida*.

Assim, quando o apóstolo Paulo se crucificou juntamente com Cristo, permitiu que Jesus assumisse o controle de sua vida. "Fui crucificado com Cristo. Assim, já não sou eu quem vive, mas Cristo vive em mim. A vida que agora vivo no corpo, vivo-a pela fé no filho de Deus, que me amou e se entregou por mim" (Gl 2.20). Podemos ver em Paulo o humano que mais se aproximou do homem modelo, a Cristo, e como tal o imitou para nos deixar como um legado a todos. O apóstolo Paulo, um Colérico/dominante que antes de sua conversão andava nos pontos fracos do temperamento, ao se converter, começa a andar nos pontos fortes e, assim, imitando a Cristo nas características dos outros temperamentos, manifestando de um modo claro e magistral.

Um caso comovente: Carmen Carmela[1]

Carmen Carmela é uma mulher jovem, solteira e sem filhos. Durante a avaliação, ela revelou ter participado de diversos tratamentos psiquiátricos

---

[1] Embora tenhamos permissão da cliente para publicar essa informação, usaremos um nome fictício para sua proteção.

nos últimos oito anos. Fora hospitalizada em muitas ocasiões, por tentativa de suicídio. Seus médicos lhe disseram que ela teria de tomar medicamentos por toda a vida, pois fora diagnosticada com bipolaridade tipo um. Por sua vez, ela estava cansada dessa vida e por ter que ingerir vários medicamentos permanentemente.

Ela relatou que havia experimentado diferentes tipos de medicamentos e que vivia uma vida completamente desordenada. Sofria de sérios transtornos do sono que transformavam suas noites em períodos de perturbações e tormentos, com sonhos ruins e pesadelos. Carmen chegara até nós por indicação de um pastor que ela consultara porque queria se suicidar, uma vez que não via sentido em uma vida assim. Ela tomou conhecimento de que praticávamos a terapia regressiva baseada nos temperamentos e quis conhecer esse procedimento. Trata-se de uma terapia consciente onde o indivíduo é ajudado a acessar seu inconsciente.

Segundo esta cliente, um dos problemas que mais a perturbava, era o fato de ter uma série de sonhos repetitivos, nos quais ela via uma mulher que lhe chamava de filha. Mas, não era a voz de sua mãe e nunca conseguia distinguir a imagem da mulher. Em alguns sonhos, essa mulher chorava desesperadamente por Carmen, mas ela dizia não conhecê-la. Em certas ocasiões, Carmen conversou com sua mãe sobre os sonhos e ela respondeu que não desse atenção a isso, porque eram coisas do *maligno*. Contudo, os sonhos – que eram muito intensos e perturbadores – se repetiam com maior frequência.

Em certa ocasião da regressão, Carmen conseguiu acessar as informações em seu inconsciente e entrar no estado pré-natal. Ali descobriu que sua mãe tivera uma relação romântica com um jovem que seus pais rejeitavam. Esse jovem, vendo-se rejeitado pelos pais de sua namorada, a quem amava, seduziu-a para ter relações sexuais, pensando que, se ela engravidasse, seus pais teriam que aceitar o casamento. Mas não foi assim que aconteceu: os pais da jovem, ao descobrirem que ela estava grávida, sentiram muita vergonha. Enviaram-na a passar o tempo de gravidez em uma propriedade que tinham nas montanhas, a fim de ocultar sua desonra diante da sociedade e passaram a dizer que a haviam enviado para estudar na Europa.

Quando ela deu à luz sua filhinha, eles a levaram e registraram como se fosse filha dos avós. Ao terceiro dia, após o nascimento, mãe e filha foram separadas. A mãe foi enviada à Itália, enquanto a avó tomava conta da criança. Durante a regressão, Carmen pôde reviver a imagem da mãe chorando amargamente ao se separar dela. Cresceu como filha de seus avós, embora notasse e questionasse as diferenças na aparência e idade que havia entre ela e suas "supostas" irmãs. Porém, a família conseguiu manter o segredo de tal modo que o pai biológico de Carmen nunca soube da gravidez.

Ao reviver esta experiência, Carmen descobriu o motivo de seus terrores noturnos. Para comprovar a veracidade do que havia experimentado na sessão terapêutica, ligou para sua "irmã", que, na realidade, era sua mãe verdadeira e que ainda vivia na Itália. Porém, desta vez, ao saudá-la, a chamou de "mamãe". Ao escutar tal expressão do outro lado da linha, a mulher ficou em silêncio, mas Carmen conseguiu escutar os soluços da mãe. A mulher lhe perguntou: "De que você me chamou?" Então, Carmen lhe explicou o que havia descoberto na sessão terapêutica e as duas choraram ao telefone durante algum tempo.

Duas semanas depois, no Aeroporto Internacional de Orlando (Flórida), quando sua mãe veio visitá-la, deram um intenso abraço de mãe e filha e não mais de irmãs como outrora. Carmen disse que esse foi o momento mais feliz da sua vida. As imagens perturbadoras nos sonhos de Carmen e as percepções que a acompanhavam eram consideradas pelos clínicos como irreais, imergindo esta pobre mulher em um oceano de tormentos e confusão. Hoje, felizmente, Carmen é uma mulher casada, está há mais de sete anos sem tomar medicamentos e, com o marido, teve duas lindas meninas. Graças a Deus por colocar em nossas mãos estas ferramentas eficazes dos temperamentos. Como este, existem muitos outros casos que contarei em uma próxima oportuniade.

Amado leitor: se você chegou até aqui, é porque está esperando o que tenho para lhe dizer agora. Não importa o que o fizeram crer que você é. Neste momento, você pode mudar esse autoconceito de ser pouco ou nada, e poder tornar-se um verdadeiro filho de Deus, pronto para desfrutar uma vida abundante. Não importa a condição em que se encontra, se está submerso em um estado depressivo, onde reina o desânimo e a confusão. Agora mesmo, pode levantar e brilhar intensamente, superando temores, dúvidas, angústias, lamentações e culpas.

Você foi dotado com temperamentos, os quais possuem ligamentos invisíveis que o unem ao Altíssimo, ao sublime Ser supremo, o Criador. Nesta unidade com ele, você descobre quem é, aceita o que é e desenvolve sua convicção para viver acima dos problemas, vencer as limitações e ser abençoado para abençoar, porque você foi plantado para que dê muitos frutos (Jo 15.2).

CONCLUSÃO

Os temperamentos constituem esse laço que funciona como o vínculo entre um corpo natural, físico, carnal e animal e um corpo espiritual, sobrenatural, psicológico, emocional e social. Essas duas naturezas operam no ser humano. Como enfatizamos antes, esta é nossa realidade. Pode se pretender ignorá-la, mas nunca poderemos dela escapar porque o ser humano não é carne, tampouco é espírito, mas sim espírito e carne, físico e psicológico. Da mesma maneira, o cérebro não é a mente, mas a mente opera nessa estrutura neurológica e fisiológica, chamada cérebro.

Portanto, se o ser humano tentasse viver somente na parte espiritual ou psicológica, se desligaria de sua realidade fisiológica, dando oportunidade à manifestação de sérios transtornos mentais. Se tentasse viver sozinho, segundo seu corpo físico, andando nos desejos desenfreados da natureza carnal, se afundaria na profunda obscuridade da miséria humana, tornando-se semelhante aos animais.

O humano ideal é aquele que pode renunciar à concupiscência e às debilidades carnais, para passar a viver nas áreas dos pontos fortes temperamentais. Nestes pontos fortes, sempre que se esforçar ao máximo, poderá "acrescentar à sua fé a virtude; à virtude o conhecimento; ao conhecimento o domínio próprio; ao domínio próprio a perseverança; à perseverança a piedade; à piedade a fraternidade; e à fraternidade o amor" (2Pe 1.5-7). Assim se cria uma harmonia majestosa entre essas duas naturezas, onde o natural-fisiológico se submete voluntariamente ao sobrenatural-espiritual-psicológico. Desse modo, transcende os limites das debilidades e o negativismo.

A forma de transcender aos limites dá lugar à tão desejada paz interior que nos permite avançar no poder da convicção, derrubando todas as barreiras da dúvida no desenvolvimento do potencial individual, para a realização de façanhas que excedem as capacidades do homem normal e para a manifestação e o emprego de destrezas que excedem à compreensão humana. É preciso morrer ou renunciar a esse caráter humano mau e destrutivo, movido pela mentira, engano, medo, culpa, vergonha, raiva, ódio, falta de perdão e pelos litígios, coisas que submergem o ser humano na mais profunda miséria.

A falta de perdão é uma, senão a mais destrutiva, das síndromes humanas. Isto porque o ser humano, ao querer se proteger, abre a porta para a destruição e o isolamento. Lembre-se que o perdão opera em duas vias saudáveis e de grandes benefícios ao ser humano. A primeira via é a de ser perdoado e aprender a viver perdoado, livre de culpa, de vergonha e de autojulgamento. Em nosso aparelho psíquico geramos diferentes áreas de associações, sendo que uma delas é um sistema de justiça que conta com um "acusador", o qual aproveita o nível de culpa e vergonha do indivíduo, para ameaçá-lo e dar oportunidade para o surgimento do medo. Esse medo pode chegar a paralisar a pessoa, dando lugar ao desenvolvimento de transtornos mentais sérios, pois "o inimigo veio para furtar, matar e destruir" (Jo 10.10).

Podemos observar nos relacionamentos familiares que desfrutam de momentos de compartilhamento e alegria. Por exemplo, quando o esposo, em um desses momentos, elogia a esposa dizendo que ela é uma bênção em sua vida. Contudo, quando ela diz ou faz algo que o esposo não consegue perdoar, no mesmo instante sua mente se obscurece e o que antes era lindo, precioso e motivo de elogio para ela, agora é visto por ele como feio, horrível e objeto de desprezo, podendo, inclusive, chegar ocasionalmente a ofensas e até à violência. O inimigo rouba a paz, a harmonia e a alegria que havia antes.

Apesar disso, quando se aprende a viver perdoado, se fecha a porta ao acusador e rechaça-se o medo, dando assim oportunidade ao crescimento da fé, à confiança em si mesmo e em Deus. Igualmente, quando se aprende a viver *perdoado,* se abre a porta para viver *perdoando* e, assim, se renuncia ao ódio, à raiva, aos litígios e às divisões. Podemos ver a ação de perdoar do ponto de vista bíblico, porque o ofensor não sabe o que faz: "Pai, perdoa-lhes, pois não sabem o que estão fazendo" (Lc 23.34).

Na realidade, ninguém faz o mal sabendo o dano que está causando, mas o gera motivado pelos pensamentos e necessidades pessoais. Os indivíduos desenvolvem a urgência de satisfazer suas necessidades e concentram-se nesta satisfação, sem pensar nos resultados e na dor que podem causar. Isso não quer dizer que aqueles que violam os direitos dos outros, estão isentos de culpa – de jeito nenhum. O ser humano não tem de fazer o que pensa ou sente; precisa usar sua capacidade de discernimento para saber o que é bom e o que convém fazer.

Claro que cada temperamento movido por seus dons e virtudes enxergará o perdão e o praticará em níveis diferentes, mas todos nós somos capazes de viver perdoados e perdoando. Ao atuar nos pontos fortes dos temperamentos e praticar o perdão nas formas expostas, entregamos nossos desejos e vontades aos propósitos de Deus para cada um de nós, sendo os temperamentos o elo entre o natural e o sobrenatural, o Divino e o humano.

O indivíduo forma o autoconceito de acordo com a imagem que tem de si mesmo. Segundo crê que é, assim ele atua. Os conhecimentos e as habilidades podem ajudar a estabelecer sonhos, metas e objetivos tão grandes quanto a pessoa possa imaginar. Porém, somente a força da convicção do que ela é a moverá a colocar-se em pé sobre as montanhas das dúvidas e impossibilidades. Para conseguir me convencer de quem sou, um ser criado à imagem e seme-lhança do Ser supremo, Deus, preciso aprender a modificar minha linguagem para pensar e falar como o que sou e não como me fizeram crer que sou. Nos temperamentos, entendemos o motivo de pensarmos e atuarmos tão diferente uns dos outros, já que o temperamento nos converte em seres únicos.

A ambivalência de atuação entre o bem e o mal está arraigada na confu-são de identidade. Desordem que se aprofunda cada dia mais, dando lugar ao surgimento de novas enfermidades fisiológicas e mentais, originadas pela intensidade crescente do estresse nas sociedades modernas. Como alguém dis-se: "A escuridão não existe, o que existe é a ausência de luz." Assim, quando entendemos, cremos e vivemos nos pontos fortes dos temperamentos e desen-volvemos os atributos e virtudes próprias de cada um, não há necessidade de se preocupar com o mal, mas em estar no centro do bem para ser uma expres-são viva do amor, da verdade, da paz e da justiça. Aí, então, vivemos no poder da convicção de que é "Deus quem efetua em vocês tanto o querer quanto o realizar, de acordo com a boa vontade dele" (Fp 2.13), pois o Senhor deseja que atuemos como verdadeiros filhos do Altíssimo, sabendo bem quem somos e o que fazemos aqui. Esta graça nos foi dada nos temperamentos.

São muitas as pessoas que têm recorrido ao nosso Centro de Aconselha-mento Alpha, em busca de apoio para solucionar seus transtornos emocionais, mentais e relacionais. A maioria recebeu ajuda para alcançar seus objetivos, mediante o aconselhamento baseado nos temperamentos. Muitos chegaram deprimidos, alguns com pouca esperança de superar suas situações pessoais. Também temos atendido vários casais que recorreram a nós pensando que sua relação já estivesse acabada. Felizmente, com a assistência e apoio recebidos, quase todos têm conseguido vencer seus males. Esse tem sido nosso propósito, e sem dúvidas nossa maior satisfação.

Que Deus o abençoe!

BIBLIOGRAFIA

Anderson T., Neil; Zuehlke E., Terry, Zuehlke S., & Julianne. (2000). *Christ-Centered Therapy*. Michigan: Zondervan Publishing House.

Chambers, O. (1995). *Biblical Psychology*. Discovery Grand Rapids. MI:House Publishers.

Chapman, G. (1996). *Los Cinco Lenguajes del Amor*. Miami, FL: Unilit.

Clift B., Wallace. (1985). *Jung and Christianity*. New York, NY: Crossroad Publishing Company.

Evans, C. S. (1995). *Soren Kierkegaard's Christian Psychology.*

Canada: Regent College Publishing. *Diccionario de sicología Pinguin*. 1995 Diccionario Webster. 1988.

Hamer, D. (2004). *The God Gene*. New York, NY: Anchor Books. Hamer, D. & Copeland, P. (1998). *Living with Our Genes*. New York: Doubleday.

Horton, H. (1979). *Los Dones del Espíritu Santo,* Miami, FL: Editorial Vida.

Jukes, A. (1988). *Los Nombres de Dios*. Barcelona, España: Editorial Clie.

Koteskey, R. L. (1983). *General Psychology for Christian Counselors. Tennessee, US.* Abingdon Press.

Kotre, J. & Hall, E. (1997). *Seasons of Life: The Dramatic Journey from Birth to Death. Michigan, MI:* The University of Michigan Press.

LaHaye, T. (1987). *Manual Del Temperamento*. Miami, FL: Editorial Unilit.

Newberg, A., D'Aquili, E. & Rause, V. (2001). *Why God Won't Go Away.* New York, NY: Ballantine Publishing Group.

Purkiser, W. T.; Taylor, R. & Taylor, W. (1991). *Dios, Homem y Salvación.* Kansas City, KS: Casa Nazarena de Publicaciones.

Reina-Valera. (1988). *Biblia de Referencia Thompson.* Miami, FL: Editorial Vida.

Reza, H. (1988). *Dios, Homem y Salvación.* Casa Nazarena de Publicaciones.

Reza, H. (1988). *Introducción ateologia Cristã.* Kansas City, KS: Casa Nazarena de Publicaciones.

Schutz, W. (1966). *The Interpessoal Underworld, FIRO.* California, CA: Science & Behavior Books, Inc.

Scofield. (2000). *La Santa Biblia.* Publicaciones Españolas.

Sperry, L. (2003). *DSM-IV-TR Pessoality Disorders.* New York, NY: Brunner/ Routledge.

Strobel, L. *The Case for a Creator.* Zondervan, Michigan, 2004.

Thomas, A. & Chess, S. (1969). Temperament and behavior disorder in children. New York University Press.

Thomas, A. y Chess, S. (1977). Temperament and development. Brunner/ Mazel Publishers. .

Esta obra foi impressa no Brasil e conta com a qualidade de impressão e acabamento Geográfica Editora.

Printed in Brazil.